# A HISTÓRIA SECRETA DO
# MISTICISMO SEXUAL DO OCIDENTE

*Práticas Sagradas e
Casamento Espiritual*

ARTHUR VERSLUIS

# A HISTÓRIA SECRETA DO MISTICISMO SEXUAL DO OCIDENTE

*Práticas Sagradas e Casamento Espiritual*

Tradução:
Eduardo Kraszczuk

MADRAS®

Publicado originalmente em inglês sob o título *The Secret History of Western Sexual Mysticism*, por Destiny Books.
© 2008, Destiny Books.
Direitos de edição e tradução para o Brasil.
Tradução autorizada do inglês
© 2019, Madras Editora Ltda.

*Editor:*
Wagner Veneziani Costa

*Produção e Capa:*
Equipe Técnica Madras

*Tradução:*
Eduardo Kraszczuk

*Revisão da Tradução:*
Rosalia Munhoz

*Revisão:*
Silvia Massimini Felix
Neuza Rosa

---

**Dados Internacionais de Catalogação na Publicação (CIP)**
**(Câmara Brasileira do Livro, SP, Brasil)**

Versluis, Arthur
A história secreta do misticismo sexual do ocidente : práticas sagradas e casamento espiritual / Arthur Versluis ; tradução Eduardo Kraszczuk. -- São Paulo : Madras, 2019.
Título original: The secret history of western
sexual mysticism : sacred practices and spiritual marriage
Bibliografia.
ISBN 978-85-370-1183-6

1. Espiritualidade - Miscelânea 2. Mistérios religiosos 3. Misticismo 4. Sexo - Miscelânea I. Título.

19-23748 CDD-204.2

Índices para catálogo sistemático:

1. Misticismo sexual : Experiência religiosa : Cristianismo 204.2
Cibele Maria Dias - Bibliotecária - CRB-8/9427

---

É proibida a reprodução total ou parcial desta obra, de qualquer forma ou por qualquer meio eletrônico, mecânico, inclusive por meio de processos xerográficos, incluindo ainda o uso da internet, sem a permissão expressa da Madras Editora, na pessoa de seu editor (Lei nº 9.610, de 19/2/1998).

Todos os direitos desta edição reservados pela

**MADRAS EDITORA LTDA.**
Rua Paulo Gonçalves, 88 – Santana
CEP: 02403-020 – São Paulo/SP
Caixa Postal: 12183 – CEP: 02013-970
Tel.: (11) 2281-5555 – Fax: (11) 2959-3090
www.madras.com.br

# ÍNDICE

Introdução ............................................................................. 7
1. Os Mistérios Sexuais Antigos ......................................... 17
    O que eram os mistérios? ............................................. 19
    Os significados interiores dos mistérios dionisíacos ......... 24
    *Hieros gamos*: casamento com a divindade ................... 30
    Algumas conclusões sobre os mistérios antigos ............. 33
2. Misticismo Sexual no Começo do Cristianismo ............... 41
    Anarquistas místicos ..................................................... 44
    Afrodite Pandêmia e a comunhão sexual mística ........... 47
    Valentim e o mistério da câmara nupcial ....................... 51
    Os mistérios gnósticos .................................................. 53
    Conclusões ................................................................... 58
3. Mistérios Heréticos ......................................................... 60
    Linhas de transmissão .................................................. 61
    O segundo batismo secreto .......................................... 63
    A heresia catariana ...................................................... 68
    Os Irmãos do Espírito Livre .......................................... 70
    Conclusões ................................................................... 74
4. A Redescoberta do Misticismo Sexual Cristão ................ 76
    Alquimia e sexualidade ................................................ 81
    Misticismo teosófico cristão ......................................... 85
    Alquimia interior de John Pardage ................................ 92
    O Círculo Buttlar ......................................................... 97
    Um judeu do século XVIII – ligação cristã .................... 102
    Tradições inglesas secretas do misticismo
    sexual no século XIX ................................................... 105
    William Blake e amigos ................................................ 108

5. Misticismo Sexual Americano ................................................. 112
    Thomas Lake Harris .............................................................. 115
    Alice Bunker Stockham......................................................... 126
    6. Eros na Nova Era .............................................................. 132
    A poetisa H. D. ...................................................................... 134
    Denis de Rougemont e *Love in the Western World*............ 137
    Alan Watts............................................................................... 140

7. Os Segredos do Misticismo Sexual........................................146
    1. Natureza e magia ............................................................... 148
    2. Igualitarismo, casamento espiritual
    e hierarquia espiritual150 ........................................................ 150
    3. Ensinamentos secretos e gnose.......................................... 152
    4. Realização do transcendente ............................................. 155

Bibliografia................................................................................... 159

Indice Remessivo ........................................................................ 164

# INTRODUÇÃO

Muito poucas pessoas sabem que existem tradições antigas de misticismo sexual no Ocidente. Durante os últimos 25 anos do século XX, muitos povos no Ocidente tomaram conhecimento das formas hindus e budistas do tantra, mas, como Hugh Urban e outros acadêmicos na área mostraram, tradições tântricas muitas vezes foram distorcidas no processo de transmissão ou transferência para o Ocidente moderno, onde foram frequentemente transformadas em mercadoria e trivializadas. Isso nunca aconteceu com as tradições ocidentais esotéricas de misticismo sexual, antes de tudo por elas serem inteiramente desconhecidas. Este é o primeiro livro a delinear a existência dessas tradições, e nas páginas a seguir descreverei pela primeira vez em forma impressa a história oculta e a natureza do misticismo sexual no Ocidente.

É claro, devemos começar explicando o que queremos dizer por *misticismo sexual*. Afinal, o próprio termo *misticismo* é ambíguo, para alguns até sinônimo de *tolice*. A palavra *místico* deriva da expressão grega *mustein*, que significa "silencioso" ou "lábios fechados" e tem a mesma origem da palavra *mistério*. As palavras *misticismo* e *mistério* estão associadas às antigas tradições dos mistérios gregos (revelatórios e iniciatórios), que, como veremos, certamente tinham dimensões sexuais. Até onde podemos rastreá-la, a palavra *misticismo* se refere a tradições religiosas que nos apontam para a transcendência indescritível da divisão aparente entre sujeito e objeto, entre o si mesmo e o outro, e para a realização do divino.

Quando examinamos a Antiguidade greco-romana, vemos que as tradições misteriosas quase sempre tinham dimensões sexuais, e há um bom motivo para isso. As tradições misteriosas, sejam elas báquicas, dionisíacas, eleusinas ou órficas estavam intimamente ligadas aos ciclos cósmicos, em particular aos ciclos da agricultura e da fertilidade humana. De fato, as formas mais antigas das tradições misteriosas, inclusive durante o período helenístico, eram o domínio das mulheres. Apenas mais tarde se permitiu que os homens se tornassem sacerdotes em muitas das tradições, e as orgias (celebrações orgásticas) aconteciam sob os auspícios de mulheres. O que vemos nessas tradições antigas tem pouca relação com o estereótipo tradicional da feminilidade como recatada, coquete ou passiva. As mulheres descritas em algumas das antigas tradições misteriosas parecem, aos nossos olhos (e aos de alguns de seus contemporâneos), enlouquecidas, selvagens e perigosas, mas essa selvageria autêntica expressa uma dimensão da própria natureza que nós, modernos, raramente reconhecemos.

Discutiremos os mistérios greco-romanos com muito mais detalhes em breve, mas é importante notar aqui a profunda conexão entre a natureza e as tradições misteriosas durante todo o período da Antiguidade e Antiguidade tardia. Os ritos dionisíacos e os bacanais acontecem a céu aberto, muitas vezes à noite. E embora os ritos estivessem associados à fertilidade da natureza, essa não era sua única dimensão. Os mistérios envolviam contato direto com as forças transcendentes do Cosmos, que, embora expressas no mundo natural, têm suas origens na divindade pagã. Há nas tradições misteriosas uma ferocidade e uma dissolução da civilização que são muito importantes para entender tanto seu poder quanto seus perigos.

Quando nos voltamos para o advento do Cristianismo dentro do declínio do mundo pagão, vemos algo muito diferente e, sob muitos aspectos, novo. Há realmente uma mudança de eras representada pela mudança dos mistérios antigos para os mistérios do Cristianismo. Na Antiguidade greco-romana existiram os estoicos e outras tradições ascéticas ou semiascéticas, mas ocorreu uma mudança muito real e profunda na transição das tradições orgásticas da Antiguidade para o asceticismo extremo do Cristianismo, como simbolizado pelos padres do deserto. Considere por um lado os participantes dos bacanais da Antiguidade e, pelo outro, a autocastração de Orígenes. Parece que estamos observando uma mudança de um extremo para o outro. Reconhecidamente, também havia tradições misteriosas que envolviam emasculação, mas estas destacavam a primazia dos poderes femininos, enquanto Orígenes representa aqueles que são "eunucos para o paraíso".[1] Neste, como em muitos outros aspectos, até mesmo

---

1. Consulte Mateus, 19:12.

as aparentes similaridades entre as duas tradições mais amplas revelam ser na verdade diferenças.

E mesmo assim, há um tipo notável de continuidade em um aspecto. Embora quase nunca discutido, exceto nas obras de especialistas, o Cristianismo primitivo também tinha uma dimensão sexual. Como veremos, não devemos simplesmente colocar de um lado as tradições orgásticas do mundo greco-romano e do outro o asceticismo cristão. O Cristianismo não é, afinal, um movimento ou seita único, mas toda uma série de fenômenos que emergiram durante a Antiguidade tardia e que incluiu uma gama de possibilidades, desde o ascetismo até a licenciosidade. E mesmo dentro do que mais tarde seria conhecido como Cristianismo ortodoxo existiu uma tradição misteriosa de *subintroductae*, na qual homens e mulheres viviam e dormiam juntos, mas sem ejaculação masculina. Existiu assim desde muito cedo uma tradição cristã – mencionada pelo próprio Paulo – de misticismo sexual: ou seja, de usar a tensão e energia sexual, mas para alcançar transcendência espiritual.

Existe, é claro, muito mais a discutir nas tradições cristãs da Antiguidade tardia. Não se pode considerar o Cristianismo como uma entidade única, mas sim como um conglomerado de correntes diversas de pensamento e prática, que vemos exemplificadas nos evangelhos apócrifos e nas distintas tradições e compêndios gnósticos. De fato, pode-se argumentar razoavelmente que as tradições orgásticas "pagãs" não desapareceram, mas sim foram incorporadas em várias formas de Cristianismo, às vezes chamadas gnósticas. Porém, mesmo aqui existia uma distinção real em relação às tradições cosmológicas anteriores da Antiguidade. O Cristianismo acrescentou a *gnose*, uma dimensão metafísica ou transcendente, que mudou tudo. Em sentido muito profundo, o Cristianismo "não era deste mundo", e vemos isso não só no Novo Testamento, mas também no que resta dos vários textos gnósticos.

O que vemos na Biblioteca de Nag Hammadi e outros fragmentos de textos gnósticos reais é a ideia de que o mundo material é um mundo de sofrimento e ignorância. Essa é uma revisão profunda da celebração pagã mais antiga da natureza e reflete uma ideia gnóstica e, mais amplamente, cristã, de que Cristo representou algo novo e irrevogável: a aparição da graça divina neste mundo humano conturbado e a transcendência para além dele. Docético ou não, o Cristo gnóstico representa uma revelação divina nova e resplandecente. Enquanto no mundo pagão a transcendência devia ser encontrada na Natureza, no novo mundo gnóstico ela era separada e estava além da Natureza.

A revelação cristã estava focada, muito mais do que suas predecessoras pagãs, na esfera humana. O fato de Cristo ter assumido a forma humana é essencial para o Cristianismo. Contudo, também é essencial para o Cristianismo o além, o transcendente, o milenar e o celestial. Essas duas tendências ofereciam a possibilidade de incorporar dimensões sexuais ao caminho cristão, e é isso que vemos no começo do Cristianismo, tanto no gnosticismo quanto no que viria a ser chamado de Cristianismo ortodoxo. Muitos sacerdotes e bispos viviam com mulheres, e parecia possível, pelo menos no começo, que o Cristianismo pudesse representar não só uma rejeição ascética dos excessos pagãos, mas também papéis inteiramente novos para homens e mulheres, tirando proveito, incorporando e transcendendo a sexualidade para restaurar a humanidade à completude paradisíaca.

Entretanto, esse novo modelo não duraria. Ao longo de vários séculos, uma forma historicista e ascética do Cristianismo – representada por figuras como Agostinho de Hipona – tornou-se dominante, e outros tipos de Cristianismo desapareceram ou tornaram-se clandestinos. Durante os primeiros séculos depois de Cristo, o Cristianismo gnóstico oferecia um modelo pluralista não muito diferente do que vemos no Budismo. De fato, há evidências significativas de polinização cruzada entre o Budismo e o gnosticismo, bem como entre a Grécia e as civilizações asiáticas. É possível ver isso claramente no desenvolvimento da arte budista, que revela forte influência grega, e existem paralelos reais entre o Budismo e outros textos e figuras gnósticas. O gnosticismo representa o que o Cristianismo poderia ter sido se tivesse seguido um caminho mais próximo daquele do Budismo.

Mas desde sua concepção, ao contrário do Cristianismo, o Budismo enfatizou a prática e o despertar espirituais pelo esforço pessoal. Sidarta Gautama realizou práticas privadas, especialmente meditação, e alcançou a iluminação como resultado. Em contraste, o Cristianismo – mesmo suas linhas gnósticas – tendia a enfatizar a graça divina e a revelação vinda de fora, por meio de Cristo. Além disso, conforme a tendência historicista e "ortodoxa" dentro do Cristianismo foi se tornando mais dominante, especialmente no Ocidente latino, a ênfase em práticas espirituais individuais diminuiu. Apenas certas práticas eram aceitas, e estas tendiam a ser voltadas para o exterior, focadas em orar a Deus, concebido como um ser externo e divino. Assim, enquanto o Budismo se desenvolveu em um modelo pluralista que incluía vasta gama de práticas internas e tradições aceitas, o Cristianismo ocidental tendeu a uma única perspectiva historicista. No século XIII, ele havia desenvolvido até mesmo a instituição formal da Inquisição para impor essa perspectiva latina única, condenando até mesmo o maior místico do Cristianismo, Mestre Eckhart.

Entretanto, dito tudo isso, deve-se reconhecer que o Cristianismo nunca foi uma tradição monolítica. O que eu delineei até aqui são apenas tendências. As tradições pagãs também não desapareceram totalmente, como se alguém tivesse desligado uma lâmpada. A História não funciona assim. Em vez disso, as tradições pagãs alimentaram as correntes do Cristianismo no norte e sul da Europa, como na Rússia e Inglaterra, muitas vezes de formas clandestinas. Além disso, as várias correntes do Cristianismo – incluindo as correntes gnósticas – não desapareceram inteiramente, mas também se tornaram clandestinas ou foram transmitidas pelo Judaísmo, Islã ou outras tradições, apenas para, mais tarde, retornar ao Cristianismo. E, acima de tudo, o Cristianismo ocidental incluía toda uma série de tradições religiosas "heréticas" recorrentes que continuavam ressurgindo. Porém, a mais importante dessas recorrências foi durante a era moderna.

Não se trata tanto de traçar uma linhagem oculta contínua no Ocidente, mas sim de descobrir onde uma dada tradição emergiu e se tornou visível e quando ela mais ou menos desapareceu. Enquanto as tradições religiosas asiáticas e islâmicas são em grande parte contínuas – é possível traçar linhas de professores e alunos uma geração após a outra –, as tradições esotéricas ocidentais demonstram o que eu chamo de "continuidade anistórica".² Com isso quero dizer que é possível encontrar linhas tanto diretas quanto indiretas de influência histórica e até mesmo transmissão, em parte porque os adeptos citam seus próprios predecessores e se inserem em uma linhagem em particular. Mesmo assim, essas linhas de continuidade – podemos chamá-las de linhas iniciatórias – não são necessariamente históricas. Pode se passar um século, e então se encontra um aluno de Jakob Böhme, depois uma escola, depois uma lacuna, depois outra pessoa, e assim por diante.

Como discuti em meu livro *Restoring Paradise*, as tradições esotéricas ocidentais são transmitidas principalmente por meio de publicações ou manuscritos – ou seja, pela palavra escrita e por imagens. Isso significa que certa possibilidade espiritual ou até mesmo linha iniciatória pode permanecer adormecida nos meandros de uma obra em particular por séculos, ou até milênios, só para reaparecer em uma nova era quando as condições estão maduras para sua restauração e redespertar. Portanto, embora seja verdade que o gnosticismo "morreu" na Antiguidade tardia, também é verdade que ele, como gama de possibilidades espirituais dentro do Cristianismo, permaneceu latente até ser periodicamente redescoberto de uma forma ou outra, seja por "hereges" medievais ou por estudiosos modernos. Apesar (ou talvez por causa) da ênfase historicista do Cristianismo ocidental "ortodoxo" e sua duradoura ambivalência ou hostilidade para com o misticismo, as tradições ocidentais não dependem da transmissão histórica de mestre para discípulo tanto quanto de uma continuidade anistórica que depende de reconhecer e redespertar o que é transmitido implicitamente nas tradições esotéricas escritas e orais que começaram e são exemplificadas pelas parábolas de Jesus. As parábolas são, afinal, os *koans* tradicionais do Cristianismo.

Por isso não deve surpreender que, no começo da era moderna, todo um novo conjunto de tradições cristãs tenha emergido depois daquele grande gênio espiritual, Jakob Böhme (1575-1624). Ao longo dos séculos XVIII e XIX, vemos a emergência de tradições

---

2. Consulte meu livro *Theosophia: Hidden Dimensions of Christianity* (Hudson, NY: Lindisfarne, 1994), no qual propus pela primeira vez a ideia de uma continuidade anistórica. Desenvolvi a ideia em *Restoring Paradise: Western Esotericism, Art, Literature, and Consciousness* (Albany: Suny Press, 2004).

religiosas esotéricas (chamadas em linhas gerais de *teosóficas* e *pansóficas*) que restauraram ao Cristianismo uma ênfase no despertar espiritual interior, e que também enfatizavam uma cosmologia que, em contraste total com o racionalismo científico, tinha como base o reconhecimento de qualidades espirituais e significados ocultos em toda a Natureza. Com o advento da teosofia cristã – mesmo quando o Ocidente em geral tendia para o reducionismo científico por um lado e para o reducionismo fideísta pelo outro – vemos o ressurgimento inesperado de uma tradição esotérica cristã que restaura magistralmente a metafísica e a cosmologia. De repente, existe um novo tipo de gnose cristã para a era moderna.

A teosofia cristã primitiva não incluía nenhum misticismo sexual evidente – embora se encontre sugestões disso na obra de John Pordage (1608-1681) –, mas mesmo enquanto a Revolução Industrial se desenvolvia no século XIX, também vemos na Inglaterra e nos Estados Unidos a emergência de misticismos sexuais em círculos esotéricos (influenciados pela teosofia cristã). O século XIX é o período em que o misticismo sexual reemerge na consciência mais ampla do Ocidente, como vemos não só em figuras como as do poeta e artista William Blake, mas também em comunidades utópicas americanas como *Oneida*, sob direção de John Humphrey Noyes (1811-1886), e *Fountain Grove*, sob direção de Thomas Lake Harris (1823-1906). Outra figura importante durante o que podemos chamar de renascença do misticismo sexual é Alice Bunker Stockham (1833-1912). De repente, como se vindos de lugar nenhum, podem-se encontrar praticantes e defensores do misticismo sexual no Ocidente.

A essa altura, torna-se necessário distinguir entre misticismo sexual e magia sexual. Isso porque durante os séculos XIX e XX também emergiram diversas correntes de magia sexual, a maioria delas começando com Paschal Beverly Randolph (1825-1875). O próprio Randolph havia atravessado o Atlântico, e as correntes das tradições sexuais mágicas transferiram-se da Europa e Inglaterra para a América do Norte e de volta.[3] Muito ainda pode ser escrito sobre as tradições sexuais mágicas dos séculos XIX e XX. Contudo,

---

3. URBAN, Hugh. *Magia Sexualis*. Berkley: University of California Press, 2006.

aqui distinguimos com rigor entre misticismo sexual e magia sexual, porque enquanto as práticas sexuais mágicas se concentram em ganhos mundanos específicos ou, colocando de outra forma, na aquisição de poder para alcançar objetivos em particular, o misticismo sexual é estritamente gnóstico no sentido de que seus aderentes não buscam o poder, mas união e realização interior ou espiritual. Embora possam existir dimensões mágicas em uma prática mística, ou dimensões místicas em uma prática mágica, em geral pode-se distinguir uma da outra sem grandes dificuldades.

É claro, o século XX foi marcado por um novo sincretismo, e no fim do século não era mais possível dividir estritamente tradições e correntes ocidentais e orientais, porque ambas haviam incorporado algumas propriedades da outra. Tradições asiáticas, incluindo tradições tântricas hindus e budistas, tinham adeptos ocidentais e também estavam sujeitas à transformação em mercadoria da *New Age*, enquanto ao mesmo tempo correntes ocidentais também haviam atravessado o globo na forma de obras impressas e comunicação eletrônica. No começo do século XXI, é possível encontrar formas híbridas de virtualmente todas as tradições imagináveis, mas a hibridização é visível em especial quando os ocidentais se inspiram em tradições tântricas asiáticas. Essa *sincrasia* (da palavra grega *krasis*, ou "misturar") é uma característica duradoura do esoterismo ocidental, e é integral para a história secreta do misticismo sexual ocidental, especialmente na era moderna.

Porém, o Ocidente também tem correntes de misticismo erótico que podem ser traçadas até a Antiguidade, e que são inerentemente ocidentais, mesmo tendo elementos sincréticos. Uma razão pela qual essas correntes foram comparativamente pouco estudadas é que o que viria a se tornar o Cristianismo latino "ortodoxo" sempre teve uma atitude de desaprovação em relação à sexualidade, exceto para procriação. Vemos essa ênfase refletida até mesmo no fato de que os padres católicos não podem se casar, enquanto na Igreja Ortodoxa, mais inclinada ao misticismo, é permitido que os padres se casem. Mesmo assim, e apesar do ascetismo que caracteriza o Cristianismo latino como um todo, pode-se certamente ver correntes duradouras de misticismo erótico que podem ser traçadas por meio do grande número de hinos, canções e poemas que celebram o *eros* de Cristo unido ao corpo místico da Igreja, e que aparecem desde a Antiguidade tardia até os períodos medieval e até mesmo moderno. É claro que não há nada particularmente controverso ou secreto sobre hinos ou prosa que celebrem a sublimação do *eros* sexual e sua canalização para a expressão religiosa.

O que é controverso, contudo, é o tema deste livro: misticismo sexual ou erótico como caminho espiritual dentro do Cristianismo ocidental. Esse misticismo erótico claramente esteve presente nos Estados Unidos dos séculos XIX e XX e com certeza teve seus detratores. Para entendê-lo, começar examinando as dimensões sexuais das tradições misteriosas greco-romanas, algumas das quais foram depois incorporadas ao Cristianismo. Devemos pelo menos considerar o papel que a Cabala teve na transmissão do misticismo erótico, e também temos de examinar as tradições medievais e do começo da era moderna. Todavia, nosso foco particular serão os precursores e o surgimento, ou ressurgimento, do misticismo erótico nos Estados Unidos dos séculos XIX e XX. Pois não há dúvida de que a era moderna tornou possível a afirmação do misticismo erótico em novas formas, em especial na América do Norte.

Em termos gerais, existem duas formas contrastantes de ver o advento da sociedade secular moderna. Uma é vê-la como um período de declínio da religião tradicional, como faz René Guénon, para quem a modernidade representa uma queda inexorável para o fim catastrófico da *Kali Yuga* (o último dos quatro ciclos de tempo primários de acordo com as escrituras hindus). Outra é ver a modernidade como um progresso contínuo e, como Pierre Teilhard de Chardin, como um movimento inexorável para cima, para a *apoteose*, seja ela um "ponto ômega" ou a divinização da humanidade. Porém, existe uma terceira maneira, que é esta: mesmo se a modernidade representar um declínio em alguns aspectos – a destruição do mundo natural, perda de privacidade, armamentos cada vez mais espetaculares, a dissolução das culturas tradicionais –, ela também traz bênçãos que compensam tudo isso. A dissolução de normas culturais rígidas traz consigo por um lado a desordem social, mas por outro novas possibilidades espirituais. De repente, por exemplo, o mais esotérico dos ensinamentos do Budismo tibetano se tornou acessível para todo o mundo. Tradições antigas e antes secretas de muitas culturas são ensinadas mais ou menos abertamente.

Esse ambiente secular sem precedentes e a dissolução de normas culturais anteriores tornam possíveis novos modos de ver e entender a sexualidade ou *eros* em relação aos impulsos religiosos da humanidade. O Cristianismo abre uma gama de possibilidades. Existe de novo um mundo pluralista, assim como na Antiguidade tardia antes da repressão dos gnósticos. É verdade que existem avisos na tradição contra os perigos do misticismo sexual. De fato, pode-se especular que seja por isso que as práticas eróticas foram condenadas por alguns dos primeiros padres e santos cristãos, principalmente quando a Igreja se tornou institucionalizada e, ao mesmo tempo, cada vez mais ascética. Mas também é possível nos perguntar se realmente trata-se de uma questão de ter *apenas* um ou outro – se também pode ser possível encontrar um equilíbrio entre os polos da licenciosidade e asceticismo, e se as tradições do misticismo erótico podem ter coisas importantes a nos oferecer hoje.

De qualquer forma, é importante pelo menos conhecer e entender a gama de possibilidades para o misticismo erótico que sempre existiu dentro das tradições cristãs mais amplas. Ao compreendermos as tradições eróticas ocultas do Ocidente, mesmo se não formos buscá-las, teremos uma gama de perspectivas mais rica e mais profunda com que nos inspirarmos. A história se torna mais multidimensional. Contudo, também é possível que, à medida que descobrimos essas tradições eróticas do Ocidente, elas nos levem a novos movimentos e gerem novas formas de compreensão. Cada era se inspira no passado à sua própria maneira, e talvez seja hora de nós – pelo menos aqueles interessados e que sentem a tarefa chamá-los – reconsiderarmos o misticismo erótico do Ocidente.

Para fazer isso, devemos começar na Grécia antiga.

# 1

# OS MISTÉRIOS SEXUAIS ANTIGOS

Entender muito sobre os mistérios da Antiguidade requer certo grau de imaginação simpática, pois a verdade é que esse ramo do conhecimento está quase perdido para nós. O investigador dos mistérios da Antiguidade deve pesquisar muitas obras raras, obscuras e antigas em busca de pistas. A tarefa é ainda mais difícil porque os iniciados nos mistérios não revelaram, na maior parte, do que eles se tratavam. Além do mais, chegamos ao mundo estranho, porém familiar, da Antiguidade pelo prisma das polêmicas cristãs, repletas de injúrias contra as tradições misteriosas "idólatras" e principalmente contra os aspectos sexuais das tradições misteriosas. Mesmo assim, fica absolutamente claro que, para entender algo sobre os mistérios, devemos entender mais sobre suas dimensões sexuais.

Os mistérios representam um mundo ao mesmo tempo estranho e curiosamente familiar para nós – estranho porque, é claro, não vemos mais o mundo como sendo tão profundamente interconectado com os deuses, e estranhamente familiar, porque muitas daquelas divindades antigas ainda estão presentes na cultura ocidental, nos nomes dos dias da semana em muitas línguas, em nossa literatura, e até em nossa cultura popular. Nomes como Baco, Deméter, Dionísio, Ísis, Mitra e Orfeu – eles ressoam vagamente com a maioria de nós, mas não sabemos, de fato, o que esses nomes representavam para seus adeptos antigos. E esse é o problema. Podemos reconstruir até certo ponto, a partir de uma variedade de fontes, vários tipos de símbolos, mitos e até festivais, além de alguns dos rituais dos mistérios. Porém, o que eles significavam na experiência dos praticantes? Temos fragmentos de um mundo perdido, e apenas pistas sobre os mistérios.

Mesmo assim, ninguém pode negar que a sexualidade tinha um papel central, talvez até determinante, nas antigas tradições misteriosas. De fato, é esse aspecto dos mistérios – ainda mais porque a austeridade cristã tradicional abraça um ideal em grande parte ascético – que é proeminente nas mentes da maioria das pessoas. Dificilmente seria diferente, dado que as tradições misteriosas muitas vezes estavam associadas a festas noturnas chamadas orgias, e com frequência eram representadas pelo simbolismo do falo ereto, e, pelo menos ocasionalmente, pelo simbolismo das partes pudendas. As palavras *dionisíaco* e *báquico* passaram a significar folia e abandono das convenções sociais, uma celebração da vida por meio do gozo de comida, bebida e experiências sexuais.

Ainda assim, quando olhamos mais de perto, também vemos uma dimensão ascética, até severamente ascética, nos mistérios. Embora seja verdade que um dos primeiros padres cristãos, Orígenes, tenha chegado a ponto de castrar a si mesmo, e que outros mais tarde o imitaram, esse *ethos* que nega o corpo não está limitado ao Cristianismo primitivo, pois também é encontrado entre alguns devotos da *Mater Magna*, ou Grande Mãe. Por exemplo, Walter Burkert escreve: "os santuários tinham seu próprio clero especial. O núcleo carismático consistia dos *galli*, castrados por ordem de sua deusa 'para espalhar temor entre os homens'".[4] A *Magna Mater* também foi um culto (entre muitos) adotado (e adaptado) pelos romanos por volta de 200 a.C., e sua tradição de sacerdotes eunucos provavelmente remete até a Idade do Bronze. Embora o ato de Orígenes não seja visto comumente nesse contexto histórico em particular, talvez devesse.

Se os mistérios estão associados a extremos, por um lado liberação, se não licenciosidade, e por outro o ascetismo (a ponto da automutilação), as interpretações modernas dos mistérios também

---

4. BURKERT, Walter. *Ancient Mystery Cults*. Cambridge: Harvard University Press, 1987, p. 36.

variaram de um tipo de naturalismo literalista, por um lado, à transcendência platônica, por outro. A visão materialista moderna de que os mistérios eram apenas uma celebração da abundância da Natureza, do poder regenerativo da vida, ou algo nesse sentido, é bastante comum. Contudo, quando se examina os relatos e fragmentos que temos das tradições misteriosas, intérpretes muito anteriores ao tradutor inglês do século XVIII Thomas Taylor – na verdade, desde Platão – afirmaram que os mistérios usavam símbolos discrepantes e às vezes surpreendentes não só para celebrar a abundância da terra, mas como meio de despertar uma consciência mais elevada nos iniciados.

Então, qual é o correto? Imanência ou transcendentalidade? Uma afirmação ou uma negação da vida? Postular esses tipos de extremos de interpretação é, a meu ver, entender mal as tradições misteriosas desde o princípio, e também as várias atitudes para com a sexualidade e o simbolismo sexual que encontramos nelas. Afinal, é inteiramente possível que a questão seja um pouco mais complexa do que as interpretações simplistas permitem. Talvez, de fato, os mistérios tenham atendido a múltiplos propósitos nas culturas da Antiguidade, de modo a servirem para propiciar e fortalecer os poderes geradores no cerne da Natureza, unir as pessoas socialmente por meio de atividades rituais, e também proporcionar orientação profética, supranatural ou divina, além de salvação iniciatória.

## *O que eram os mistérios?*

Um dos maiores problemas de interpretação é que muito do que sabemos sobre os mistérios foi filtrado pelos críticos mais severos. Assim, temos um pouco de Clemente de Alexandria, um dos primeiros padres da Igreja, mas ele os cita quase exclusivamente para zombar ou criticar. Além disso, temos fragmentos de vários poemas e documentos, além de diversos relatos, alguns de uma linha dos mistérios, alguns de outra. Mesmo assim, ainda podemos pelo menos montar uma boa imagem de pelo menos algumas das principais tradições misteriosas, e, fazendo isso, sermos mais capazes de compreender o papel que a sexualidade tinha nelas.

Como padre da igreja, Clemente de Alexandria, em sua *Exortação aos Hereges*, se propôs a dissuadir os adeptos das várias tradições misteriosas de suas tradições antigas, e fez isso descrevendo em detalhes consideráveis o que eram esses mistérios. Ele relata ou faz alusão aos mitos primários, se refere aos diversos símbolos das tradições misteriosas e até cita fragmentos poéticos específicos, tudo com a intenção clara de desacreditá-los. Mesmo que o objetivo de Clemente ao revelar os mistérios fosse desacreditá-los, na verdade ele também oferece muitas informações sobre seus detalhes.

Mas é melhor começar com o único relato simpático que temos sobre a tradição misteriosa de Ísis, contado pelo romancista romano Apuleio em sua extraordinária obra *O Asno de Ouro* ou *Metamorfoses*. *O Asno de Ouro* é a turbulenta e deliciosa história de um jovem romano, Lucius, que visita um vilarejo desconhecido e tem um encontro sexual com Fotis, a bela criada de uma residência. Mas quando ele vê a senhora de Fotis, uma feiticeira, se transformar em um pássaro usando um unguento mágico, Lucius decide experimentá-lo e se vê transformado em um asno. Antes que possa encontrar o antídoto, uma rosa, ele é capturado por ladrões – e assim começam suas aventuras picarescas. Por fim, desesperado e ainda na forma de asno, ele desiste e implora pela ajuda de Ísis, que se revela a ele e lhe oferece uma solução para seu dilema.

Há dois temas primários em *O Asno de Ouro* que devemos notar aqui. O primeiro é a crítica implícita ao Cristianismo, quase o oposto exato do antipaganismo de Clemente de Alexandria. Essa crítica ao Cristianismo é uma questão de interpretação, mas em muitos pontos o narrador se refere a impedir que o leitor sofra em uma "cruz de ansiedade", e sugere que o Cristianismo é desprovido da alegria que pode ser encontrada nas tradições misteriosas muito mais antigas de Ísis e Osíris. Ao longo do livro, Lucius como asno-narrador faz alusão a sofrer como se estivesse em uma cruz e à indignidade de morrer na cruz, e é claro que todo o tema do asno no livro pode ser derivado em parte do Judaísmo e do Cristianismo (lembre-se de que Jesus entrou em Jerusalém montado em um asno). Além do mais, há a personagem da esposa odiosa de um padeiro, que os boatos dizem acreditar tolamente em um único deus. Todos esses tipos de referências, quando reunidos, desenvolvem um tema de anticristianismo que corresponde razoavelmente à Roma do fim do século II, quando o Cristianismo, certamente, havia se tornado amplamente conhecido.[5] Assim, pode-se argumentar que o romance de Apuleio representa uma espécie de resposta aos ataques cristãos contra as "lascivas" tradições misteriosas.

Contudo, o segundo tema, o da sexualidade, é muito mais importante para nós. O romance não é uma celebração acrítica da sexualidade, embora comece com as aventuras sexuais de Lucius com a jovem Fotis, cuja beleza faz Lucius se levantar em admiração (uma parte dele em particular). O livro começa não só com uma celebração de Fotis e da sexualidade, mas também com Fotis sendo quem dá a Lucius a poção errada, transformando-o não em um pássaro, como ele desejava, mas em um asno. Lucius tinha cantado recentemente louvores ao cabelo de uma mulher como sua característica mais bela, e agora estava coberto de pelos e zurrando! Apesar da celebração inocente da experiência sexual na concepção do livro, há uma implicação subjacente sobre a sexualidade que é difícil deixar passar. Mesmo se não a notássemos, seríamos lembrados dela quando, no décimo livro, Lucius, na forma de asno, vai se "casar" com uma assassina sedutora diante de uma grande multidão em um estádio – seu ponto mais baixo, e o momento que ele escolhe para fugir e se esconder no litoral.

Lá, no livro 11, Lucius tem uma visão transcendente da deusa Ísis, que é também Vênus e Afrodite, e está associada à lua cheia e ao oceano. Ela revela a si mesma como a "Mãe dos Deuses", como Minerva e Diana entre os cretenses, como Prosérpina (Perséfone) entre os sicilianos, como Ceres (Deméter) para os eleusinos e, acima de tudo, como a rainha Ísis para os egípcios, sendo esse seu nome verdadeiro. Ísis diz a Lucius que no dia seguinte acontecerá um festival sacerdotal e que ele deve comer algumas das rosas presas a um *sistrum* (um antigo instrumento musical) que o sacerdote principal estará segurando. Isso curará Lucius de sua condição de asno e

---

5. Consulte a tradução para o inglês de Jack Lindsay de *The Golden Ass* (Bloomington: Indiana University Press, 1960), p. 21, na qual Lindsay escreve que, "em minha opinião, existe uma forte polêmica anticristã subjacente em [*O Asno de Ouro*]".

então "o sol da sua salvação se levantará".⁶ Após a morte, se Lucius permanecer casto e dedicar sua vida a Ísis, ele irá para os Campos Elíseos.

Naturalmente, Lucius vai para a grande celebração, que inclui muitos músicos, flautistas, mulheres de branco espalhando flores, "um grande grupo de homens e mulheres de todas as classes e idades que foram iniciados nos mistérios da Deusa e todos vestidos em trajes de linho do branco mais puro". Esses adeptos eram seguidos pelos "próprios deuses", Anúbis e uma vaca, e um homem que carregava "uma venerável efígie da Divindade Suprema", que não era semelhante a nenhum pássaro ou fera, nem mesmo ao homem, um símbolo inexpressível do "Silêncio Profundo". Então chega o sacerdote com as rosas, Lucius as come e é miraculosamente restaurado à forma humana. Toda a parada vai celebrando para o oceano, onde embarcam em um navio cheio de oferendas para marcar o começo do ano de navegação.⁷

Mas a história de Lucius não terminou, pois ele continua a sonhar com a deusa Ísis, que deseja que ele se torne um sacerdote casto. O sacerdote principal, entretanto, sendo de uma "religião não evangélica", o rejeita até que haja um sinal claro de que Lucius de fato foi chamado para ser um sacerdote de Ísis. O momento finalmente chega, e Lucius é iniciado com alegria no culto da Deusa Mãe, Ísis. Embora ele não possa revelar o que aconteceu em detalhes, explica que foi vestido em linho branco bordado depois de ter se "aproximado dos confins da morte", "pisado no limiar de Prosérpina" e "à meia-noite [...] visto o sol brilhando em toda a sua glória. [Ele] se aproximou dos deuses abaixo, e dos deuses acima, e [...] ficou de pé ao lado deles". "Vejam", ele conclui, "eu contei a vocês minha experiência e mesmo assim o que ouvem pode não significar nada para vocês".⁸ No fim, Lucius também é iniciado nos mistérios de Osíris, tem a cabeça raspada e, patrocinado pelos próprios deuses, torna-se membro do Colégio de Pastophori em Roma. E assim termina sua

---

6. *Ibid.*, p. 238.
7. APULEIO. *The Golden Ass*. Tradução para o inglês de Jack Lindsay. Livro II, p. 240-41, 242, 244-45.
8. *Ibid.*, p. 248-49.

história, e também o único relato simpático completo de como era ser iniciado nos mistérios antigos.

O relato de Apuleio sobre os mistérios sugere diversas coisas importantes sobre eles, em especial que eles já existiam na cultura romana pluralista. É verdade que o relato em *Metamorfoses* é de um tipo peculiar de tradição misteriosa, tipicamente romana em sua tendência pluralística ou sincrética de reunir inúmeras tradições religiosas e, à moda do Hinduísmo, sugerir que um deus pode ter muitos nomes e até mesmo identidades. Contudo, também é verdade que ele mostra uma corrente ascética que, como já notamos, com certeza estava presente em muitas das tradições misteriosas votivas em que os iniciados juravam castidade em troca de favores divinos. A devoção de Lucius à Deusa Mãe sem dúvida faz parte de uma longa tradição. Na tradição em que Apuleio estava se inspirando, a sexualidade era afirmada como parte central da vida terrena, mas era colocada de lado quando o iniciado assumia uma função sacerdotal – e é exatamente isso que é mostrado no romance.

É claro, a tradição misteriosa que Apuleio descreve é do fim do período romano. Temos algumas indicações sobre as atitudes em relação à sexualidade de tradições muito anteriores. As tradições relacionadas a Baco ou Dionísio têm importância especial. De acordo com todos os relatos, em suas formas primitivas os mistérios báquicos eram conduzidos por mulheres e sob os auspícios de sacerdotisas, mas, mesmo assim, em seu centro estava o símbolo do falo. De fato, existem inúmeros vasos, afrescos e esculturas da Antiguidade que representam as celebrações orgásticas de Baco Dionísio, em que se veem danças, vinho e imagens itifálicas. Aqui, como na história de Apuleio muito mais tarde, vemos festivais repletos de simbolismo misterioso, além da folia ou orgia noturna que caracteriza a corrente báquica/dionisíaca. Os mistérios dionisíacos eram muito difundidos pela Grécia, Itália, Ásia Menor e pelo Egito nos séculos antes do nascimento de Jesus.

Temos alguns relatos sobre as tradições dionisíacas sob os reis ptolomaicos do Egito, e sabemos que existiam grandes procissões patrocinadas pela realeza, que incluíam uma grande estátua de Dionísio em um carro, seguido por sátiros e bacantes selvagens, imagens de frutas e abundância, mulheres com cabelos desgrenhados e às vezes decorado com vinhas, outro carro carregando um falo imenso e outro ainda com os vários apetrechos para produção e consumo de vinho. Devia ser um espetáculo e tanto! Na Itália, sabemos que elementos da corrente dionisíaca às vezes eram unidos sincreticamente aos mistérios de Deméter e Core (ou Perséfone), de forma que os mistérios dionisíacos também assumiram uma dimensão ctônica feminina. Contudo, esses são os aspectos exteriores dos cultos como exibidos por um ou outro autor antigo.[9] A questão de o que esses cultos significavam para um iniciado permanece.

## *Os significados interiores dos mistérios dionisíacos*

O mundo da Antiguidade grega revela um número considerável de obras de arte e literatura que, em períodos posteriores, certamente seriam consideradas lascivas ou obscenas. Especialmente importante é o gênero de literatura e arte que devemos chamar de *priápico*. Vasos, relevos, afrescos, estátuas, amuletos, poemas – todos mostram o falo ereto, exatamente como descrito no centro das celebrações báquicas. Como devemos entender a onipresença do falo? Qual poderia ser o significado secreto dessas representações e poemas que, mesmo hoje, são em grande parte ignoradas pelos estudiosos?

Nós olhamos para essas representações preponderantes e lascivas principalmente pelas lentes da história cristã, então é particularmente difícil para nós compreender o que elas podem ter representado. Elas representavam excitação sexual, lascividade e nada mais, como seus críticos sugeririam? Se sim, então Agostinho de Hipona talvez tivesse razão quando ecoou as críticas de séculos antes e afirmou, como Clemente de Alexandria, que o "paganismo" resultava na abolição das morais sociais e os piores tipos de excessos sexuais e sociais decadentes, até mesmo assassinato. E é claro que muitas acusações não se limitaram a autores cristãos. O historiador romano Lívio disse que os mistérios báquicos consistiam de banquetes, bebedeiras, promiscuidade e assassinato ritual.[10] É claro, esses relatos se encaixam em uma tipologia de acusações que tam-

---

9. NILSSON, Martin P. *The Dionysiac Mysteries of the Hellenistic and Roman Age*. Lund, Suécia: Gleerup, 1957, p. 4-15.
10. *Ibid.*, p. 15-16.

bém encontramos contra judeus e cristãos, e também na tipologia de críticas que pintam o crítico como superior e civilizado e os celebrantes como bárbaros e inferiores.

Porém há mais de um modo de ver a lascividade difundida da arte, literatura e rituais da Antiguidade greco-romana. Primeiro, devemos reconhecer que as visões de mundo prevalecentes na Antiguidade eram diferentes da nossa de formas significativas, e que a obscenidade era muito mais comum do que em ambientes mais contemporâneos e racionalistas. Considere, por exemplo, o conjunto de poemas romanos reunidos sob o nome *Carmina Priapea*, ou *Canções de Príapo*. Esses poemas ou epigramas muitas vezes eram fixados em estátuas itifálicas nos jardins ou pomares de proprietários de terras romanos, a ideia sendo que as estátuas iriam encorajar a fertilidade e desencorajar o roubo. O encorajamento da fecundidade é autoexplicativo, mas por que essas estátuas desencorajariam o roubo? Como os epigramas deixam claro, não só o falo é uma boa clava para bater em ladrões, mas os epigramas também ameaçam repetidamente sodomia como penalidade pelo crime de roubar um pomar – daí o nome latino para uma imagem tão fálica: *tutela diligens pomarii*, ou "protetor fiel do pomar".

Os deuses Hermes e Mercúrio muitas vezes eram representados como priápicos e, de fato, existem muitas pedras ou estelas de Hermes que consistem de uma cabeça barbada e um falo ereto sobre uma coluna e que serviam como marcos de estrada. Da mesma forma, a palavra *fascinum* na Antiguidade se referia a um encantamento ou amuleto mágico – como no costume de pendurar um pequeno pingente representando um falo no pescoço de uma

*Figura 1.1. Uma pedra romana de Hermes.*

criança como proteção contra bruxaria. Na Roma antiga, existia um costume em que uma noiva se sentava sobre uma estátua com um falo ereto representando uma divindade chamada Mutinus ou Tutenas, um ato que supostamente a tornaria fértil, já que fora deflorada simbolicamente por um deus. O ponto aqui é simplesmente este: essas imagens e seus usos comuns revelam uma cultura em que o simbolismo sexual explícito era lugar comum.

Para não chegarmos à conclusão precipitada de que a Antiguidade ocidental é única nesse aspecto, podemos nos lembrar de que a Índia tem uma tradição análoga – a de Shiva. Como se sabe bem hoje em dia, o deus Shiva muitas vezes é simbolizado por uma representação do *lingam*, ou falo ereto. Na verdade, existe uma escritura indiana chamada *Linga Purana*, na qual Shiva diz que o falo é a base ou fundação de todo o mundo, e que quem desejar perfeição deve adorar o falo.[11] O caminho do *lingam*, nessa tradição, não está ligado à procriação, mas sim ao prazer, que, por sua vez, leva à felicidade (*ananda*) e assim, paradoxalmente, ao desapego, ou seja, à transcendência da vida mundana. É possível que as tradições antigas de Shiva tenham algo a nos dizer sobre as tradições dionisíacas do Ocidente?

Como vimos, as interpretações mais modernas das antigas tradições misteriosas tendem ao literalismo. Nesse ponto de vista, acredita-se que representações do falo estejam associadas à geração, procriação, fertilidade ou reprodução. Mas na verdade, quando examinamos as tradições báquicas ou dionisíacas em especial, descobrimos que elas estão associadas primariamente (como as de Shiva) ao prazer ou êxtase – ou seja, com banquetes, danças, vinho, embriaguez, selvageria, música extática e liberdade sexual, incluindo orgias. Há mais alguma coisa aqui, uma dimensão explicitamente além da procriação e correspondendo em vez disso à infusão de selvageria e transcendência na vida humana – o que também podemos chamar de liberação da desordem controlada, a criação de um espaço selvagem em que a desordem pode ser cultivada e canalizada para que não exploda de formas inesperadas e destrutivas depois de ser suprimida artificialmente.

---

11. *Linga Purana* 1.3, 1.7.

De fato, quando examinamos os esforços de vários platônicos para explicar os mistérios, descobrimos mais pistas sobre o que os falos eretos significam. Em seu tratado *De Mysteriis* (Sobre os Mistérios), Jâmblico explica por que as tradições misteriosas exigem símbolos como falos eretos ou o *mons veneris* ("monte de Vênus" em latim, a região púbica feminina). Ele observa que é verdade que o falo é um símbolo do poder prolífico conectado à primavera. Porém, ele não representa, de forma alguma, o simbolismo completo. Jâmblico destaca que, quando as paixões humanas são suprimidas, elas se tornam mais veementes. Contudo, quando essas paixões são invocadas ou energizadas, elas são satisfeitas e purificadas, de modo que, aquilo que visto de fora pode parecer vil, na verdade nos chama para a transcendência. Portanto, os órgãos de geração nas cerimônias sagradas podem, de fato, representar não a procriação, mas, pelo contrário, um meio de libertação das amarras da geração.

*Figura 1.2. Um homem e uma corsa: união com o selvagem.*

Que o falo ereto simboliza algo mais do que apenas procriação fica bem claro a partir de todo tipo de textos remanescentes. Considere, por exemplo, este hino órfico:

*Eu invoco Protogonos, de natureza dupla, grande,*
*que caminha pelo éter,*
*Nascido de um ovo, jubiloso em tuas asas douradas,*
*Com o semblante de um touro, procriador*
*dos deuses abençoados e homens mortais*
*Luz renomada, celebrado Ericepaeus,*
*Inefável, oculto, impetuoso, força resplandecente,*
*Que afasta dos olhos as nuvens do crepúsculo da escuridão,*
*E percorre o mundo com asas,*
*Que traz a luz pura e brilhante,*
*Que eu invoco como Fanes, como Príapo, o rei,*
*Como uma fonte estonteante de esplendor.*
*Venha então ser abençoado, cheio de sabedoria*
*e geração, venha em júbilo*
*Para seu sagrado mistério em contínua mutação,*
*Esteja presente com os sacerdotes de suas orgias.*[12]

É óbvio que, em um poema ou hino assim, o que está sendo enaltecido e invocado é transcendente, e que os vários tipos de simbolismo – asas, o semblante do touro, o orbe, o ovo e o falo régio, "fonte estonteante de esplendor" – devem despertar nosso sentido íntimo de realidades transcendentes.

É claro que nós modernos não estamos acostumados a ver órgãos sexuais masculinos ou femininos como simbólicos. A própria ideia é estranha. Por quê? Clemente de Alexandria não estava sozinho no desprezo que semeou pelos mistérios antigos, particularmente por suas dimensões sexuais. O que sabemos sobre os mistérios foi em grande parte filtrado pelos relatos de Clemente ou Arnóbio em seu *Adversus Gentes*. Somos herdeiros de milênios de ignomínias dirigidas à possibilidade de que o simbolismo sexual pudesse ser qualquer coisa além de pornografia. Mesmo assim, não é possível pensar em um simbolismo mais carregado do que o de *Eros*. Com certeza, o

---

12. CORY, Isaac P. *Orphic Fragments, in Ancient Fragments*. Londres: William Pickering, 1832, p. 301. Consulte também KERN, Otto. *Orphicorum Fragmenta*. Berlin: Weidmann, 1922, e HOGART, R. C. *The Hymns of Orpheus*. Grand Rapids: Phanes, 1993.

simbolismo erótico tem o potencial de ser um meio de despertar nosso sentido interior de realidades além das exclusivamente físicas.

E, de fato, é precisamente o que vemos nos mistérios eleusinos no mito de Ceres. Muitos dos mitos misteriosos são histórias de queda e reascenção, de desmembramento e reconstrução dos membros, e uma dessas histórias é a de Ceres, a deusa que parte em busca de sua filha Prosérpina (Perséfone). Ela vaga pela terra e chega a Elêusis, uma região habitada por nativos pastores de ovelhas, de cabras ou porcos. Ceres foi recebida por uma mulher chamada Baubo, que tentou lhe servir bebidas refrescantes e restauradoras. Ceres, pesarosa, recusou. Por fim, Baubo descobriu suas partes pudendas, e Ceres ficou mais alegre e, finalmente, bebeu. Clemente de Alexandria até mesmo cita um hino órfico sobre o tema:

> *Tendo falado assim, ela colocou seus trajes de lado...*
> *E com a própria mão Baubo se despiu abaixo dos seios.*
> *Suavemente então a deusa riu e riu em sua mente,*
> *E recebeu a taça na qual estava a bebida.*[13]

Clemente vê a cena, exclusivamente, como torpeza moral, e ridicularia a liturgia eleusina que a acompanha. "Eu jejuei, eu bebi da taça; eu recebi da caixa; e coloquei no cesto, e do cesto no baú." Entre os itens no baú listados por Clemente estão vários bolos redondos, uma serpente que simboliza Dionísio Bassareu e, entre outras coisas, um pente de mulher que "é um eufemismo e expressão mística da *muliebra* (as partes pudendas da mulher)", totalmente "vergonhosa" sob seu ponto de vista.[14] Contudo, parece claro que nas tradições misteriosas, assim como ver o falo pode transmitir uma realidade transcendente, o mesmo ocorre com a vulva.

Nessa altura, percebemos que para começar a entender as antigas tradições misteriosas, em especial no que diz respeito aos seus segredos mais íntimos e arcanos, devemos pelo menos contornar os tipos de difamação que os ocultaram de nosso olhar durante a maior parte da era cristã. É claro que é possível que os mistérios tenham se tornado decadentes e que o simbolismo original – usar a sexualidade

---

13. CLEMENTE DE ALEXANDRIA, *Exhortation to the Heathen*, cap. 2, *in* ROBERTS, Alexander *et al.* (Eds.). *Ante-Nicene Fathers*. Edimburgo: T&T Clark, 1989, v. 2, p. 177.
14. *Ibid.*

para apontar para a transcendência da geração – tenha sido em grande parte esquecido ou perdido na época de autores cristãos como Clemente de Alexandria ou Arnóbio. Mas estamos interessados no que os mistérios poderiam ter significado originalmente para os adeptos, e em particular como a sexualidade pode ter servido como um meio para sua própria transcendência.

## Hieros gamos: *casamento com a divindade*

*Figura 1.3. Uma caverna sagrada na Grécia: uma abertura para dentro da terra.*

O que tornou as tradições misteriosas tão poderosas e duradouras foi a promessa, e a experiência, da *synousia*, ou participação direta e união com um deus. Uma prática comum era a *dormition* – dormir no templo para receber um sonho ou talvez uma visão da divindade. Outra, como vimos, era uma noiva visitar o templo e se agachar sobre um falo ritual para ser deflorada, simbolicamente, primeiro pelo deus, e só mais tarde pelo marido. Contudo, essas são apenas duas em uma constelação de práticas e símbolos nas várias tradições misteriosas, todas centralizadas no tema recorrente da união com a divindade ou *hieros gamos*, o casamento sagrado.

No cerne do casamento sagrado iniciatório estava a ideia de divinização, ou seja, o despertar do espiritual latente no reino material. A união sexual é intimidade. Simbolicamente e na realidade, é uma união íntima que pode resultar em gravidez, nascimento ou renascimento, e crescimento do iniciado renascido como um novo ser. Esse renascimento é o resultado da união com a divindade, e assim lemos em papiros gregos herméticos versos como estes: "Entre em meu espírito e meus pensamentos por toda a minha vida, pois você sou eu e eu sou você. Seu nome eu guardo como amuleto em meu coração", ou então, "Eu conheço você, Hermes, e você me conhece: eu sou você, e você sou eu".[15] Enfim, o iniciado é unido íntima e completamente com o deus.

Como se alcança uma união assim com a divindade? Esse tipo de união é simbolizado e realizado como corte e união sexual: o iniciado faz a corte e, se bem-sucedido, se torna um com a divindade. O relacionamento é erótico, e não rejeita, mas sim se manifesta na forma de imagens e relacionamento sexuais terrenos. As polêmicas antipagãs cristãs afirmavam que as tradições misteriosas eram bestiais e diminuíam os participantes, tornando-os lascivos. Contudo, Jâmblico, em *Sobre os Mistérios*, explica que, de fato, para se alcançar a união com o divino, deve-se trabalhar de onde se está, a partir do humano, sem rejeitar a sexualidade, mas sim trabalhando por meio das paixões para se libertar delas. Assim, as relações sexuais podem ser um veículo para sua própria transcendência, se cada parceiro for divinizado e se tornar, por assim dizer, transparente para a divindade.

As tradições misteriosas remetem às antigas tradições misteriosas egípcias, que também consideram possível a cópula com uma divindade, e, de fato, que esse era um símbolo essencial de união com o divino. Plutarco observou que, para os antigos egípcios, "não era impossível para o Espírito de Deus ter relações sexuais com uma

---

15. LEEMANS, C. *Papyri Graeci Musei Lugd*, v. 2, p. 141, e KENYON, F. G. *Greek Papyri in the British Museum*, v. 1, p. 116, citado em ANGUS, Samuel. *The Mystery Religions*. Londres: Murray, 1925, p. 110.

mulher", e podemos ver como a união sexual com um deus podia ser vista ao mesmo tempo como simbólica e, pelo menos potencialmente, real.[16] O simbolismo da noiva é muito difundido nas tradições misteriosas: os iniciados celebravam o deus Dionísio como o "nupcial" e como "Nova Luz". O *hieros gamos* iniciatório espelhava, na Terra, o casamento celeste de Zeus e Hera. Lemos em um fragmento que o iniciado invocava Hermes, que deve estar dentro do iniciado como um bebê no útero.[17] Essa intimidade com os deuses é celebrada pelo mais íntimo dos termos humanos.

A intimidade com os deuses também é, como podemos ver, inerentemente humana. Afinal, que bem faria aos deuses se não existissem tradições iniciatórias, se não existissem formas de ligar a humanidade ao divino? Separados da humanidade, os deuses seriam impotentes e sem significado, enquanto essas tradições misteriosas revelam que os deuses são capazes da mais próxima das formas de intimidade, e sua natureza pode ser transmitida à humanidade por meio dessa intimidade. Existem assim dois tipos de *hieros gamos*. Primeiro, há o casamento do iniciado com o deus, e segundo, há o casamento ou união humana que reflete a união dos deuses. Nos dois casos, o que vemos é que a união sexual expressa a união com o divino, cujo resultado é bem-aventurança, alegria, libertação do sofrimento terreno – em resumo, transcendência.

Devemos notar aqui que os deuses (de maneira vergonhosa, de acordo uma perspectiva cristã posterior) muitas vezes estão acima das convenções humanas comuns. Como devemos entender as seduções divinas, as traições e as escapadas sexuais dos deuses nos mitos antigos? Uma possibilidade, claro, é condenar os mitos antigos como decadentes, corruptores ou imorais, e considerar que os deuses agem de forma humana demais. Porém há outros modos de ver esses mitos. É possível que os mitos revelem a pura transcendência

---

16. Consulte *Numa Pompilius* de Plutarco, disponível *on-line*, por exemplo, em www.classics.mit.edu.
17. Consulte MEYER, Marvin. *The Ancient Mysteries: A Sourcebook*. Filadélfia: University of Pennsylvania Press, 1999. Consulte também COSMOPOULOS, Michael. *Greek Mysteries: The Archaeology and Ritual of Ancient Greek Secret Cults*. Londres: Routledge, 2003.

dos deuses, mostrando os modos como eles quebram as convenções humanas para revelar seu poder transcendente.

Uma forma dramática de tal casamento divino na Antiguidade era entre o indivíduo e o deus, como nos mistérios de Átis e Deméter, em que o iniciado homem se "casava" com a deusa pela castração, e assim se tornava mais ou menos andrógino, um reflexo da unidade interior. Embora a noção de castração motivada pela religiosidade seja difícil de aceitar, ela também tem uma história no Cristianismo, como exemplificado na conhecida figura do padre Orígenes e em grupos menos conhecidos como o *Khlysty* russo. Uma forma menos dramática e menos irreparável de um casamento assim é, claro, a castidade e devoção à deusa ou deus, e nos dois casos as convenções humanas de casamento e reprodução são postas de lado em favor das dádivas do deus ou deusa.

Mesmo assim, há outro modo, que não rejeita o casamento e união sexual, mas os transforma. Esse é o caminho da *theosis* ou divinização, em que os dois indivíduos se tornam encarnações de um deus e uma deusa. A união do iniciado com o deus, e a união de dois indivíduos que encarnam o deus e a deusa dentro de si mesmos também representa a irrupção do poder transcendente na intimidade humana. A *apoteose*, ou deificação, é outra forma de descrever essa experiência. Uma não tem a união de dois indivíduos, mas sim (se podemos colocar assim) uma união quadripartida de dois indivíduos e, através deles, dois deuses. Esse é o caminho a que Jâmblico e outros platônicos se referem, notando que os devotos dos mistérios têm imagens do deus e da deusa em seus quartos ou casas como lembrete desse caminho transformador e da relação análoga do marido e esposa como deus e deusa.

## *Algumas conclusões sobre os mistérios antigos*

No fundo, as antigas tradições misteriosas eram sobre participação ou, colocando de outro modo, comunhão divina. Isso fica claro até a partir dos polêmicos cristãos contrários a elas e, com certeza, a partir dos fragmentos restantes das próprias tradições. Os praticantes dos mistérios tinham como objetivo um tipo particular de *telos*, ou consumação, por meio de rituais chamados *telestai*, que resultavam na união com os deuses em um bem-aventurado destino póstumo. O júbilo desse destino póstumo é revelado na Terra pelos mistérios, mas apenas como sombra dos deleites futuros. O iniciado é alguém a quem o deus foi revelado e que comungou com o deus pela *dormition* – alguém que foi unido ao deus pela tradição misteriosa e seus rituais.

Dada a centralidade da comunhão divina, começamos a ver por que o simbolismo sexual é tão importante para a compreensão dos mistérios, pois a união sexual é a comunhão física mais íntima e profunda entre duas pessoas, e também pode resultar em procriação – e ambos podem ser vistos não só como físicos, mas também espirituais. Decerto é pelo menos possível que a comunhão sexual entre um homem e uma mulher possa ser análoga à comunhão com o divino – no sentido de que existe atração, corte, namoro, união, um casamento espiritual e, mais tarde, o nascimento espiritual de um novo ser. Essa perspectiva também pode explicar por que sacerdotes ou sacerdotisas prometiam a si mesmos a suas divindades – muitas vezes os homens para uma deusa e as mulheres para um deus –, porque o deles era um casamento divino ou celestial que é análogo, porém substitui e transcende o casamento convencional.

Entender o aspecto de analogia dos mistérios explica muito sobre eles, e também sobre sua difamação nas polêmicas cristãs. Podemos nos lembrar de que os diálogos de Platão, principalmente em obras como o *Fédon* e *O Banquete*, mas também no *Timeu*, refletem claramente destilações de algumas tradições misteriosas. E, de fato, toda a tradição platônica, incluindo Plotino e Jâmblico – uma tradição que tem uma afinidade óbvia com os mistérios –, é importante para entender os diálogos, porque tanto o platonismo quanto as tradições misteriosas funcionam por analogia, não literalmente. Embora isso também seja verdade em algumas correntes cristãs, não é verdade para o Cristianismo historicista e literalista, que, é claro, venceu as correntes concorrentes, como o gnosticismo.

Portanto, podemos começar a entender por que houve uma incompreensão mútua entre cristãos convencionais ou historicistas de um lado e adeptos dos mistérios do outro. O Cristianismo historicista dá grande ênfase ao nascimento, sofrimento e morte históricos de Cristo como descritos nos quatro evangelhos. Portanto, essa forma de Cristianismo é, desde o início, inclinada a um tipo específico de literalismo. É verdade que o próprio Jesus muitas vezes falava em parábolas, e como os evangelhos de Tomé e de Filipe mostram, existia uma corrente dentro do Cristianismo que se assemelhava aos mistérios. Entretanto, essa corrente não é representada, em absoluto, por figuras como Irineu ou Tertuliano, nem por figuras posteriores como Agostinho. O Cristianismo historicista tendeu para um literalismo que, por sua própria natureza, excluía os tipos de compreensão analógica que caracterizavam os mistérios.

Devemos lembrar que as tradições misteriosas eram representadas por poesia e outras formas de literatura – de fato, elas, às vezes, eram virtualmente sinônimas. Não é por acaso que um dos poucos romances remanescentes da Antiguidade, um dos primeiros romances da literatura ocidental – *O Asno de Ouro* ou *Metamorfoses* –, também é o relato mais completo da religião romana dos mistérios de Ísis. Também não é acidente que o orfismo seja ainda hoje visto como uma tradição poética arquetípica, nem que muitos dos fragmentos dos mistérios que ainda temos sejam literários e artísticos – peças, fragmentos de hinos, poemas, histórias obscenas e esculturas ou imagens sexuais em vasos e afrescos sexuais As tradições misteriosas foram, em sua própria essência, profundamente literárias e artísticas, representadas acima de tudo em festivais, dramas e poemas ou canções.

Muitas discussões sobre as tradições misteriosas antigas ignoram a centralidade da poesia e arte para os mistérios. Mesmo assim, quando os examinamos mais de perto, percebemos que há aqui uma chave para a nossa compreensão deles. Literatura e arte não são simplesmente adornos ou entretenimento – embora, é claro, eles possam incluir essas dimensões – mas são também um meio para a revelação e comunhão divinas. Essa comunhão divina tem lugar no momento da compreensão analógica, em um salto de percepção que revela o divino aqui embaixo, ou, colocando de outra forma, nos oferece um vislumbre dos reinos divinos. Literatura, música e arte (juntamente com banquetes e união sexual) são, nos mistérios, o meio primário pelo qual esse vislumbre pode acontecer.

E assim, começamos a capturar pelo menos uma ideia do que eram os mistérios, e por que eles exibiam simbolismo sexual tão proeminentemente. Seu simbolismo sexual não era pornográfico ou lascivo da mesma maneira que a pornografia gráfica moderna. Pelo contrário, de forma similar ao *tantra*, ele incorporava simbolismo sexual e, às vezes, até práticas sexuais para revelar, por analogia, algo além e, ao mesmo tempo, interno à sexualidade. A atração e abraço sexual, como os próprios órgãos sexuais, a partir dessa perspectiva, existem ou se manifestam em múltiplas dimensões ao mesmo tempo. Certamente eles existem como invocações de dimensões maiores que as meramente literais ou físicas. Aqui temos uma chave que vai abrir muitas portas subsequentes. De fato, ela pode ser a chave mais importante de todas.

Apesar da evidente antipatia entre eles, seria um erro enfatizar demais a polaridade entre o Cristianismo e as tradições misteriosas antigas. O Cristianismo emergiu dentro de um contexto pagão e, apesar de todas as polêmicas da época, carregou consigo elementos dos mistérios. De fato, Clemente de Alexandria, apesar de toda a sua aversão às tradições misteriosas "pagãs", incorporou uma compreensão analógica dos mistérios religiosos e até mesmo um aval evidente e elaboração da gnose cristã ortodoxa. E, como veremos, algumas correntes do Cristianismo gnóstico incluíam aspectos claros dos mistérios antigos.

A questão, claro, é como entendemos o que essas coisas significam. Nós, modernos, somos, na maior parte, muito mais literalistas e seculares do que alguém como Tertuliano ou Irineu jamais foi. A invenção do livro significou a disseminação de pornografia no início do período moderno, e, mais tarde, a invenção da fotografia foi seguida rapidamente pela pornografia fotográfica. A invenção da internet tornou possível formas ainda mais difundidas de pornografia textual e visual – até o presente, quando é possível acessar qualquer tipo de pornografia imaginável. Imagens pornográficas refletem o literalismo da era moderna, bem como muitas formas de fundamentalismo religioso. Metáfora, analogia e sutileza são igualmente estranhas à pornografia e ao literalismo religioso.

Em contraste, quando olhamos para uma imagem inscrita em um vaso da Antiguidade, podemos muito bem encontrar um enigma olhando de volta para nós. Em uma dessas imagens impressionantes, vemos um homem barbado de olhos selvagens nos encarando enquanto toca um instrumento musical, enquanto outro segura uma taça cerimonial com vinho e outros homens estão de pé próximos, seus pênis estilizados eretos. Acima, dançarinas circundam a borda superior do vaso. Nesse conjunto de imagens, os falos eretos são símbolos, e o que é retratado não é atividade sexual. Pelo contrário, as imagens sexuais nos *transmitem* algo, como devem, dado que, afinal, o que é retratado é uma iniciação em um tipo específico de experiência religiosa. Um poema visual, a imagem é, em todos os sentidos da palavra, *sugestiva*.

Da mesma forma, como devemos entender os onipresentes pilares de pedra que mostram a cabeça de um homem barbado e um falo ereto com um escroto? Vemos a mesma imagem também em vasos, e a figura, tipicamente, não tem braços ou pernas. Um homem se tornou uma cabeça barbada, um falo ereto com um escroto, e uma base circular, para que todo o pilar possa, ele mesmo, ser visto como um *lingam* marcado pelos órgãos sexuais, como miniatura do todo. Essa imagem foi feita para evocar a essência de um homem, o homem como *vir* (ou marido) e da própria virilidade. Em um desses vasos, vemos uma figura de toga estendendo a mão para tocar um pilar de homem barbado, e o bastão em sua mão esquerda se curva para cima e para a frente, quase tocando a cabeça do falo ereto, como se o bastão fosse, ao mesmo tempo, um jorro de sêmen caindo para impregnar a terra.

*Figura 1.4. Imagens sugestivas em um vaso da Antiguidade.*

Ou então, como devemos entender o vaso que mostra mais um pilar de homem barbado com um pênis ereto incrivelmente longo, sobre cuja cabeça está pousado um pássaro com as asas erguidas e o bico tocando os lábios da cabeça barbada? A imagem não evoca a imagética da alma, do voo alado do espírito e da figura como a própria virilidade? E sobre as figuras dançantes hieráticas de outro vaso? O que vemos nessas imagens não pode ser reduzido a uma explicação literal. Há algo de evocativo e belo nelas, um modo de compreender a humanidade em relação aos reinos e poderes invisíveis, e uma complexidade e sugestividade poéticas que falam conosco de imediato, através dos séculos.

*Figura 1.5. Imagem itifálica em um vaso mostrando o pilar de pedra com uma cabeça barbada.*

*Figura 1.6. Imagem itifálica do pilar de pedra com o pássaro beijando a cabeça barbada.*

*Figura 1.7. Figuras dançantes de uma tradição misteriosa retratadas em um vaso da Antiguidade.*

Entendê-los é, por um lado, deixar para trás nossa predisposição literalista, e, por outro, nos abrirmos para a possibilidade de que essas imagens possam comunicar, de modo sucinto, porém sutil, algo dos mistérios sexuais compreendidos pelos antigos, algo de uma forma completamente diferente de ver o mundo, uma forma pré-cristã, totalmente pré-moderna e em contato profundo com a natureza infundida pelos reinos espirituais de um modo que podemos apenas começar a compreender. Essas imagens representam iniciações, mas são também iniciatórias de forma muito real, da mesma maneira que a poesia e literatura também podem ser iniciatórias. Não importa se gostamos ou não dessas imagens da Antiguidade, se as denegrimos ou não, elas existem como lembretes das origens antigas do que podemos chamar de misticismo sexual ocidental.

# 2

# MISTICISMO SEXUAL NO COMEÇO DO CRISTIANISMO

Em grande parte, o Cristianismo é considerado – e também o era na Antiguidade – como fundamentalmente ascético e místico. Até os filósofos gregos da época reconheciam o foco intenso dos primeiros cristãos no celibato e probidade, derivados do fervor que espalhou a religião tão amplamente por todo o Império Romano. Vemos nos escritos centrais de Paulo uma ênfase no celibato, como manifesto em suas conhecidas advertências para evitar o casamento, ou, se a pessoa fosse casada, agir como se não fosse. Paulo aconselhou aos coríntios:[18] "É bom para o homem não tocar uma mulher. Contudo, em consequência da tentação da imoralidade, cada homem dever ter sua esposa, e cada mulher seu marido".[19]

E Paulo prossegue: "aquele que se casa faz bem, e aquele que não se casa faz ainda melhor".[20] Essa é a tradição ascética que informa virtualmente toda a tradição cristã da Antiguidade tardia em diante, passando por Agostinho e pela tradição medieval até a modernidade.

---

18 N. T.: Uma vez que o autor não menciona a versão da Bíblia que está citando, optamos por traduzir o texto conforme escrito pelo autor em vez de citar determinada edição da Bíblia.
19. 1 Coríntios, 7:1-2.
20. 1 Coríntios, 8:38.

Menos conhecida é uma tradição bastante diferente, que teve vários nomes e era muito disseminada no início do Cristianismo. Tão difundida, na verdade, que mesmo tendo sido condenada no Primeiro Concílio de Niceia em 325, ela continuou. Essa é a tradição conhecida como *virgines subintroductae*, ou *agapetas* e, às vezes, pelo nome *syneisaktos* ou *sineisactismo*, esse último termo significando um casamento espiritual entre um homem, muitas vezes um bispo ou clérigo, e uma mulher solteira que morava sob seu teto. Todos esses nomes representam o que poderia ser chamado de maneira mais genérica de um caminho de casamento espiritual que sublima o desejo sexual para o desejo mais profundo e abrangente pela transcendência angélica em que não existe masculino nem feminino.

Todos esses termos têm conotações reveladoras. *Ágape*, claro, é a palavra grega para o amor abnegado ou imparcial – e as agapetas eram aquelas que o praticavam comumente. *Syneisaktos* tem a raiz "syn", que significa "unidos" e *virgines subintroductae* pode ser interpretado como tendo dois significados, um exotérico e um esotérico. No nível exotérico, elas eram mulheres celibatárias que moravam sob (*sub*) a proteção de um homem e, assim, podiam evitar o casamento e continuarem dedicadas a Cristo. Porém, também existe uma dimensão esotérica, pois o termo *subintroductae* igualmente pode se referir a um tipo específico de prática sexual em que o pênis permanece fora e logo abaixo da vagina. Assim, o homem e a mulher podem dormir juntos e trocar energias, mas sem consumar seu relacionamento com penetração ou ejaculação.

Uma das explorações mais profundas, abertas e delicadas deste tema está, talvez para a nossa surpresa, na obra de Charles Williams, um colega de C. S. Lewis. Em *Descent of the Dove*, Williams escreve que existiu entre os membros da Igreja primitiva um método secreto "que também desapareceria, e mesmo assim de elevado interesse e talvez ainda preocupante, perigoso, porém perigoso com uma espécie de ousadia celestial. Cresceu, ao que parece, naquele grupo jovem e ardente um esforço na direção de um experimento espiritual específico de, digamos, polarização dos sentidos". Em outras palavras, Williams continua, "parece que existiu, no princípio da Igreja, uma tentativa, encorajada pelos apóstolos, de 'sublimar'". Com isso ele quis dizer "uma obra de troca e substituição, uma união na terra e no céu com aquele amor que agora era compreendido como sendo capaz de amar e ser amado". Nesse "grande experimento", as mulheres – *subintroductae* – "parece que dormiam com seus companheiros sem terem relações sexuais". Cipriano, um bispo do século III importante historicamente, "não duvida exatamente deles, mas desencoraja a prática", "e o Sínodo de Elvira (305) e o Concílio de Niceia (325) a proibiram completamente".[21]

Mas por que a prática foi proibida? Por que, pergunta Williams, se o próprio Cristianismo foi fundado com base no "escândalo" da morte ignominiosa de Jesus na cruz, seriam os cristãos tão sensíveis a sugestões de escândalo entre seus companheiros? Willians tem uma explicação: Cipriano, e todos os que proibiram essas práticas, simplesmente não compreendiam todos os métodos do Espírito Santo. Nas palavras de Williams, os "irmãos mais fracos" prevaleceram, "mais fracos" sendo aqueles incapazes de entender a variedade de caminhos possíveis dentro do Cristianismo, aquelas "ovelhas inocentes que eram mero volume de imbecilidade pisotearam muitas flores delicadas e belas do Cristianismo".[22]

Como resultado, o Cristianismo perdeu muito. Acima de tudo, a possibilidade de incorporar amplamente a sexualidade à sua tradição – para usar a terminologia budista, "trazê-la para o caminho". Em vez disso, o Cristianismo tornou-se o lar de gerações de moralistas cujas atitudes em relação à sexualidade tendiam à repressão pudica, muitas vezes temperada com licenciosidade furtiva às ocultas. Assim, como a filha de um pastor batista do sul dos Estados Unidos descreveu sabiamente para mim, "você precisa procurar bastante para achar um lugar com mais pegação do que em nossa congregação, apesar de toda a pregação dominical". Perdido nessa longa jornada do estabelecimento da "ortodoxia" cristã primitiva até os dias atuais está o que podemos chamar de casamento espiritual.

Ainda assim, podemos traçar o curso recorrente do casamento espiritual por toda a Antiguidade, pois esse é um tema

---

21. WILLIAMS, Charles. *The Descent of the Dove*. Londres. 1939. Reimpressão, Vancouver: Regent College Press, 1997, p. 11, 12.
22. *Ibid.*, p. 13.

repetido desde muito cedo em tratados heresiofóbicos (tratados que difamam ferozmente aqueles com crenças "hereges"). Muitos dos grupos designados como gnósticos na Antiguidade incorporavam ensinamentos sobre o casamento espiritual ou místico além da androginia espiritual. Esse tema é visível na figura de Simão, o Mago, contemporâneo dos apóstolos, que se dizia viajar pelo país com uma companheira que usava nomes como Helena de Troia, Minerva ou Mãe dos Anjos. Simão, o Mago, foi atacado como feiticeiro, mas certamente é possível que ele fosse de fato um gnóstico que seguia o caminho do casamento espiritual. Isso pode muito bem ser o que era fundamentalmente escandaloso sobre ele. De fato, podemos encontrar ataques similares a heréticos conhecidos depois disso, e um número significativo deles compartilha esse tema de que a sexualidade, em vez de ser algo a ser rejeitado, suprimido e vilificado, pode muito bem ser incorporada a um caminho espiritual e ser assim sublimada e transcendida.

## Anarquistas místicos

Outro tema dos primeiros "hereges" foi seu desdém pela hierarquia e burocracia, assim como pela posição social, chegando ao extremo, como fizeram figuras como Aerius de Pontus e seus seguidores, de viverem em locais selvagens com homens e mulheres em extrema pobreza, e dormindo a maior parte do tempo a céu aberto.

Um desses grupos era o dos messalianos, um nome que significa "aqueles que oram constantemente".

Os messalianos, é evidente, tinham origem oriental. Eles floresceram no fim do século IV e começo do século V como um grupo errante e um tanto anárquico que vivia próximo à Natureza e era composto por homens e mulheres vivendo juntos "em promiscuidade"; e era firmemente não sectário, recusando-se até a dar um nome para si mesmos.[23] Muitos clamavam terem compreensão direta da natureza dos anjos, Cristo e Deus, sem mediação de nenhuma instituição. Naturalmente, podemos ver por que grupos e indivíduos

---

23. EPIFÂNIO *Haer*, app. 75, 80.

como esses eram uma ameaça àqueles que buscavam o poder institucional e burocrático.

Vamos dar um passo para trás e considerar o que esses grupos e indivíduos místicos cristãos defendiam. Eles eram pessoas que, como o próprio Cristo, rejeitavam a sociedade avarenta, a hipocrisia e a burocracia da Igreja e, em vez disso, se concentravam em orações e realização espiritual interior. Como a vida gnóstica era sua busca primária, eles consideraram vantajoso viver não em meio à multidão das cidades, mas na Natureza, sob as estrelas, entre as árvores e perto de regatos, rios ou lagos. Tendo enxergado além das falsidades e valores equivocados da sociedade comum, eles deram as costas a exibições hipócritas de moralismo, pois acreditavam que o que importa são os valores de cada um, e como a vida interior de alguém se conforma com sua consciência real.

Os messalianos em particular – mas também muitos outros grupos e indivíduos no começo do Cristianismo – ensinavam formas do que denominado de oração constante, similar ao que na Igreja Ortodoxa é chamado oração hesicástica, que acreditavam levar ao despertar, paz e iluminação interiores. De acordo com os messalianos, preocupações mundanas e trabalho comum deveriam ser repudiados, pois o que importa é o grau do despertar interior de uma pessoa durante seu tempo de vida. Esse grau de despertar, segundo eles, é o que determinaria o destino póstumo de alguém. Pela prática da meditação, eles concretizariam o *pneuma*, ou espírito interior que, de fato, é também o Espírito Santo e assim, finalmente, alcançariam a libertação das perturbações emocionais, alcançando uma realização interior chamada *apatheia*. Por meio da iluminação transcendente, sua alma consumaria a união entre a Noiva e o Noivo interiores, uma união que é análoga à união terrena de um homem e uma mulher. De fato, como diz a Oração do Senhor, uma união assim aconteceria tanto na Terra como no Céu.

A realização da *apatheia*, alcançada pela meditação e pelo despertar interior e realização do *pneuma*, está disponível para homens e mulheres. Então, em grupos como esse são encontradas mulheres líderes e professoras, bem como sacerdotisas, porque sua hierarquia é gnóstica, na qual o que importa é só o grau de despertar interior da pessoa. Não era, como alguns eruditos contemporâneos podem alegar, uma questão de mulheres reclamando o poder mundano por meio de alguma forma antiga de feminismo – reivindicações mundanas de poder não significavam nada para esses grupos ou indivíduos –, mas sim que homens e mulheres seriam capazes de realização espiritual direta, e o grau de sua autoridade *hierofântica* para interpretar os mistérios antigos dependia apenas disso.

Cristãos institucionais afirmaram muitas vezes que grupos como os messalianos, encratitas ou montanistas eram na verdade antinomianos, ou seja, que eles acreditavam que podiam pecar sem consequências.[24] Essa era a acusação, mas a defesa não é ouvida com tanta frequência. A defesa é esta: por meio da prática da meditação ou oração ininterrupta, o indivíduo alcançava poder e unidade divinas diretamente, e isso colocava tal indivíduo além da perturbação ou apego emocionais e, portanto, além das convenções sociais ou institucionais. Não que tais convenções estivessem erradas, é só que elas são como uma muleta quando alguém está aprendendo a andar. Bastante úteis no começo, mas desnecessárias, e até um estorvo, mais tarde, pois o que importa é a virtude interior de uma pessoa não sua aparência exterior. O mais radical desses grupos era muito parecido com o próprio Cristo: eles não tinham filhos, não trabalhavam nem respeitavam vendilhões nos templos. Eles não respeitavam distinções sociais convencionais entre escravos e homens livres, classes altas ou baixas ou homens e mulheres. O mundo deles era o mundo interior.

Dado tudo isso, podemos ver por que esses grupos e indivíduos podiam incluir a possibilidade de incorporar experiência sexual sublimada em seu caminho espiritual. Essas práticas podem parecer ruins para a sociedade convencional, mas quem se importa? O que importa é a posição espiritual interior que uma pessoa alcança como resultado de sua prática meditativa. E afinal, por que não seria pos-

---

24. Vale a pena notar aqui que já em 1920 Dom Villecourt havia identificado obras atribuídas a Macário, fundador da tradição ortodoxa oriental, como na realidade sendo obras de Simão, o Messaliano. Assim, a Igreja Ortodoxa, como estudiosos posteriores demonstraram, e de fato faz sentido intuitivo, tem suas raízes no messalianismo. Consulte por exemplo ELM, Susanna. *Virgins of God: The Making of Asceticism in Late Antiquity*. Oxford: Clarendon, 2001, pp. 196-97.

sível que a prática meditativa de alguém permeasse cada um dos aspectos de sua vida e a transformasse? Dado que nascemos seres sexuais, não é possível que possamos nos beneficiar de incorporar e transmutar nossa natureza sexual, assim como podemos transmutar o restante de nossas vidas diárias?

Mas, é claro, a sexualidade não é exatamente igual a outros aspectos da vida. Ela é carregada com todo tipo de poder e profundidade interior. Ela implica forças que se movem nas profundezas de nosso ser. Por razões que podem ser assunto de especulação para sempre, os padres da Igreja que prevaleceram foram os mais polêmicos – dentre os mais influentes estavam aqueles que rejeitavam não só ideias "pagãs" sobre a sexualidade sagrada, mas também ideias e tradições análogas ou relacionadas que existiam dentro da comunidade cristã mais ampla, não só entre aquelas às vezes chamadas hoje em dia de "gnósticas".

Assim, encontramos figuras como Jerônimo ou até João Crisóstomo combatendo o sineisactismo, ou mulheres coabitando com homens ascetas. Enquanto nos primeiros séculos o Cristianismo representava uma vasta gama de práticas e abordagens para o divino, nos séculos V e VI já havia emergido uma ortodoxia que se opunha com ferocidade até à possibilidade de um caminho religioso que incorporasse a sexualidade ou que aceitasse mulheres como sendo tão capazes de alcançar a união com o divino quanto os homens. Em vez disso, via-se o dualismo em ascensão: masculino e feminino, cidade e deserto, clero e população laica, autoridade e súditos, moralidade e imoralidade, piedade e impiedade, e assim por diante. Esse dualismo finalmente recusou até a possibilidade da gnose ou união espiritual direta.

## *Afrodite Pandêmia e a comunhão sexual mística*

Entre a panóplia de seitas e correntes dentro do Cristianismo primitivo, sem dúvida alguma endossavam práticas sexuais como parte de sua tradição religiosa. As referências são numerosas demais, e originadas de fontes demais, para presumirmos que todas sejam acusações inventadas. Até mesmo Clemente de Alexandria – o mais caridoso dos primeiros padres da Igreja – afirmava que "existem alguns que chamam Afrodite Pandêmia (ou seja, o amor físico) de uma comunhão mística. Isso é um insulto ao nome da comunhão. Fazer algo errado é chamado de ação, assim como fazer algo correto também é chamado de ação. Da mesma forma, a comunhão é boa quando a palavra se refere a compartilhar dinheiro, comida e roupas. Mas eles chamam impiedosamente qualquer relação sexual pelo nome de comunhão". Clemente elabora mais, em um capítulo de uma de suas obras publicada apenas em latim, dizendo que apenas "homens tratam relações carnais e sexuais como um mistério religioso sagrado e acham que elas os levarão para mais perto do reino de Deus".[25] Sobre a condenação de qualquer caminho sexual dentro do Cristianismo, os padres da Igreja pré-Niceia estavam de completo acordo.

Mas o que, exatamente, Clemente e os outros padres da Igreja condenavam? Esse é um tema que merece ser investigado em mais detalhes. Em seu capítulo suprimido sobre os gnósticos, Clemente oferece um ataque algo truncado ao gnóstico Basilides, e depois delineia alguns ensinamentos de Carpócrates e seu filho Epifânio, que se dizia terem banquetes orgiásticos em que os homens e as mulheres compartilhavam parceiros sexuais. De acordo com Clemente, Carpócrates explicava assim essa liberdade sexual: ele escreveu que a retidão divina é a justiça universal, que é como a luz do sol que ilumina a todos igualmente. Para ver a luz, não existe distinção entre ricos e pobres ou homens livres e escravos, nem, de fato, entre animais e plantas. É a lei humana, ao impor o conceito de propriedade privada, que divide a equidade universal e viola a lei da justiça universal. Além do mais, pergunta Carpócrates, por que Deus criou a necessidade sexual humana se ela é errada?[26]

Aqui, começamos a ver uma semelhança familiar que é realmente fascinante. A lógica de Carpócrates é surpreendentemente semelhante à dos grupos anarquistas místicos que vimos antes. Esses

---
25. Consulte Clemente de Alexandria, *The Stromata*, capítulo 3, *in* ROBERTS, Alexander *et al.* (Eds.) *Ante-Nicene Fathers*. v. 2, p. 382-3.
26. Toda a parte sobre Carpócrates, que não foi traduzida do latim, é discutida *in* ROBERTS, Alexander *et al.* (Eds.). *Ante-Nicene Fathers*. v. 2, p. 382-91.

grupos viviam afastados das cidades, nas regiões selvagens. Eles não distinguiam entre ricos e pobres, escravos ou homens livres, e viviam na Natureza e além do alcance das regras e leis urbanas – às vezes eles eram chamados de bandidos, mesmo se, como os messalianos, se dedicassem à oração constante e fossem celibatários. Assim, começamos a ver que existe uma semelhança familiar maior entre uma variedade de grupos, alguns dos quais são sexualmente abstinentes, outros que não o são, mas todos buscando liberdade gnóstica das regras sociais impostas pela lei humana. Clemente acrescenta que essas pessoas citam ditados como "o pecado não tem domínio sobre você, pois você não está sob a lei, mas sim sob a graça". E é interessante que ele continue e escreva que não deseja continuar porque não quer "equipar uma nave pirata".[27]

Ainda mais impressionante, essas declarações sobre a lei e a graça são encontradas nos escritos de Paulo – por exemplo nos capítulos 6 a 8 de Romanos. Porém, Paulo usa a mesma linguagem a fim de condenar a sexualidade e a carne. Para ele, a mortificação da carne é o caminho para o reino do espírito. Carpócrates afirmou a transcendência da lei dualística. Paulo a reafirmou. Assim, ele escreve: "voltar a mente para a carne é morte; mas voltar a mente para o Espírito é vida e paz".[28] Clemente cita precisamente essas passagens da carta de Paulo aos Romanos quando rejeita os ensinamentos de Carpócrates, Pródico e outros gnósticos que incluem uma dimensão sexual em sua tradição.

Contudo, há aqui uma boa pergunta: é assim tão certo que os gnósticos libertinos estavam simplesmente satisfazendo o que os padres da Igreja consideravam, sem hesitação, depravação sexual? Ou também é possível que eles buscassem santificar e redimir todos os aspectos da vida natural humana – o que significa que participar da união sexual seria entrar em comunhão com Deus por meio de uma união terrena que reflete a união celestial da Noiva e do Noivo divinos? É possível que grupos como os ofitas, os nicolaítas, os carpocracianos, os cainitas e outros que, supostamente, participavam de relações

---

27. Consulte Clemente de Alexandria, *The Stromata*, ou *Miscellanies*, capítulo 3, *in* ROBERTS Alexander, *et al.*, *Ante-Nicene Fathers*, v. 2, p. 381-402.
28. Romanos, 8:6.

sexuais ritualizadas estivessem na verdade manifestando no interior do Cristianismo alguns aspectos que vimos antes na Antiguidade greco-romana, sobretudo a sacralização ou santificação da natureza por meio da sexualidade? Assim, Irineu escreve que grupos como os cainitas e os carpocracianos defendiam "que o homem não pode ser salvo até ter tido todos os tipos de experiência". Portanto, eles realizam suas atividades "em nome do anjo, dizendo 'Ó anjo, eu uso tua obra; ó poder, eu concretizo tua operação!'. E eles mantêm que esse é o 'conhecimento perfeito' sem evitar realizar essas ações como se não fosse lícito nem mesmo nomeá-las".[29]

O que esses grupos estavam fazendo? Uma interpretação é que eles estavam realizando uma variação ocidental do tantrismo: buscar redimir ou transfigurar a natureza por dentro, não a rejeitando, mas sim a transmutando. Em vez de rejeitar algumas dimensões da experiência humana (como no caminho ascético), eles buscavam abraçar e transformar "todos os tipos de experiência", incluindo a sexual. E pode-se argumentar que existe uma base cristã fundamental para isso nas implicações doutrinais da chegada de Cristo à Terra em forma humana. Cristo nasceu de uma mãe humana para experimentar a vida humana e assim nos redimir, e o mesmo pode ser dito, em uma escala menor, desses grupos gnósticos que diziam encarnar a obra de anjos, e que buscavam a redenção e transfiguração da vida humana.

O escândalo desses grupos é que eles não rejeitavam a sexualidade humana, mas sim a aceitavam, vendo-a como uma manifestação de uma comunhão mais elevada. A partir dessa perspectiva, a união sexual assume uma dimensão sacramental, e aqui também vemos correspondências com a linguagem e os conceitos que foram preservadas no Cristianismo por milênios. A metáfora de Cristo como o Noivo e o corpo da Igreja como a Noiva. A metáfora do casamento divino entre esses dois dentro do misticismo cristão. A linguagem sexualmente carregada que deriva dos Salmos e do Livro da Sabedoria e que descreve Deus ou Cristo como o amante da alma – todos esses sobreviveram e renasceram ao longo dos séculos. É apenas um passo dessa linguagem e metáforas até a união sexual ritual ou

---

29. Consulte Irineu. *Against Heresies* in ROBERTS, Alexander *et al.* (Eds.). *Ante-Nicene Fathers*, v. 1, p. 350-1.

sacramental. Esse é um passo que sem dúvida encontramos na Cabala judaica, e não deveria ser surpresa que ele também tenha sido dado, repetidamente, por alguns cristãos.

## *Valentim e o mistério da câmara nupcial*

Valentim foi o mais conhecido dos gnósticos antigos, e por um bom motivo: em certo ponto, ele quase se tornou papa! O gnosticismo valentiniano era muito complexo teologicamente, e este não é o lugar para delinear todos os seus detalhes. Todavia, vale a pena observar que, de todas as formas de gnosticismo discutidas por Clemente de Alexandria, o gnosticismo valentiniano é o único que recebe certo respeito cauteloso e não as denúncias de costume. Outras figuras do princípio da Igreja não são tão indulgentes. Tertuliano e Irineu devotam muitas páginas para atacar Valentim, e são particularmente depreciativos sobre seus ensinamentos a respeito da sexualidade entre homens e mulheres.

Tertuliano repreende os valentinianos por muitas coisas, entre elas sua reputada rejeição das boas obras como sendo suficientes para a salvação, sua desconfiança do martírio e, acima de tudo, seus ensinamentos sobre a importância da união sexual. Parece improvável que os valentinianos, de fato, ensinassem qualquer coisa semelhante ao que Tertuliano os acusa – por exemplo, tentar provar "sua nobreza pela devassidão de sua vida e sua diligência no pecado". Porém, inadvertidamente, ele revela muito sobre os ensinamentos valentinianos quando observa que eles honravam os casamentos celestiais dos *aeons* contemplando e celebrando uniões terrenas "sendo próximos de um companheiro, ou seja, de uma mulher parceira".[30] Os valentinianos diziam que aqueles que não compreendem e participam de uma união terrena tão santificada estão fracassando em seu propósito humano na Terra, que não é a sexualidade reprodutiva (animal), mas sim uma comunhão sacramental ou mística.

Os valentinianos defendiam que depois da morte, homens e mulheres espirituais deixariam para trás não só seus corpos físicos,

---

30. Tertuliano, *Against the Valentinians*, cap. 30, *in* ROBERTS, Alexander *et al.* (Eds.). *Ante-Nicene Fathers*, v. 3, p. 517-18.

mas também cascas ou vestes invisíveis, de modo que sua essência espiritual revelaria ser una com a *Pleroma*, ou alegria e união divina. Nisso eles estariam se reunindo ao casamento celestial ou transcendente de Achamoth, ou sabedoria divina (*Sofia*) com o *Soter* ou Salvador, o *Logos*, e participariam do júbilo conjugal da reunião no fim ou transcendência do tempo terreno. Assim, a união terrena não seria nada mais que um prenúncio da união eterna e celestial que está por vir, mas, ao participar de uma união santificada no tempo, a pessoa se prepararia para a união espiritual na eternidade.

Contudo, não se deve entender que os valentinianos privilegiassem divisão sexual sobre a união ou unidade finais. Eles acreditavam que a divisão sexual representa nossa queda na dualidade, e que a união sexual prefigura e representa a reunião do que foi dividido pela queda na materialidade e no tempo. Portanto, a união sexual não é de forma alguma um fim em si, muito menos uma desculpa para um cio animalesco, mas deve ser santificada e assim transmutada. A partir dessa perspectiva, a necessidade sexual pode ser vista como um sinal de nossa própria divisão interior e queda, e como sinal de nossa necessidade interior de reunião e de retornar a um estado paradisíaco pré-queda.

O símbolo valentiniano dessa reunião ou restauração interior é a câmara nupcial. É assim que ela é descrita perto do fim do Evangelho de Filipe: a verdade que vemos neste mundo e entendemos pelo uso da razão é uma imagem ou indicação daquilo que é mais elevado, mas a câmara nupcial está oculta porque não é tanto uma imagem quanto uma participação interior direta. Entrar na câmara nupcial é entrar na luz transcendente, e seus mistérios pertencem não à noite (como os mistérios do casamento humano), mas ao dia e luz perpétuos. Entrar na câmara nupcial é, portanto, "receber a luz" e aquele que recebe a luz é livre tanto neste mundo quanto depois da morte.[31]

---

31. Consulte *The Gospel of Philip*, in ROBINSON, James (Ed.). *The Nag Hammadi Library*. New York: Harper, 1977. Nota: o texto completo da Biblioteca de Nag Hammadi está disponível em diversos *sites*, incluindo a Global Library em www.global.org (em inglês). Leitores interessados podem encontrar passagens exatas com facilidade usando uma simples busca por palavras-chave. A seguir, também ofereço citações de uma edição impressa da Biblioteca de Nag Hammadi (BNH) no fim de cada parágrafo.

Pode-se argumentar que a câmara nupcial representa apenas um ritual ou prática valentiniana ou gnóstica específica, mas essa interpretação pode ser enganosa. É claro que não só é possível, mas provável, que existissem preparações rituais para a experiência da câmara nupcial. O Evangelho de Filipe se refere à unção, por exemplo. Quase certamente existia uma tradição iniciatória que foi passada de Cristo para os apóstolos, e assim para os membros dos primeiros grupos gnósticos. Por meio da unção ritual, a crisma de Cristo seria passada adiante ou despertada nos aspirantes. Entretanto, a própria câmara nupcial é a revelação direta da verdade para o indivíduo. Assim, ela acena com o "mais sagrado dos sagrados".[32]

## *Os mistérios gnósticos*

Aqui, devemos começar a considerar os próprios ensinamentos gnósticos, já que estes aparecem na coleção *Nag Hammadi* de escritos até então perdidos do início da era cristã. No Evangelho de Filipe, no Evangelho de Tomé e em *O Trovão: a Mente Perfeita*, começamos a ver mais claramente o que eram os mistérios gnósticos e isso é extremamente importante se quisermos compreender o papel que a sexualidade exercia no que podemos chamar de essência ou núcleo da tradição gnóstica. Enquanto antes estávamos discutindo o gnosticismo como descrito por seus adversários, como Tertuliano, agora iremos examinar os ensinamentos gnósticos como eles eram na realidade.

No Evangelho de Filipe, somos apresentados aos mistérios pelo lado de fora, e temos uma visão geral de nossa abordagem em relação a eles a partir daqui. O Evangelho de Filipe nos apresenta ao conceito de verdade interior. Ele nos diz que "se estivermos unidos a ela, ela trará nossa realização". A verdade está na câmara nupcial, que é o lugar do sagrado no sagrado, o mais sagrado dos sagrados, e podemos entrar nela apenas porque o véu da criação é rasgado de alto a baixo pela revelação de Cristo. Em outras palavras, "aqueles acima se abriram para nós que estamos abaixo, para que possamos adentrar o segredo da verdade". Nós entramos por "meio de tipos

---

32. *O Evangelho de Filipe*, BNH, p. 150.

menores e formas de fraqueza", mas no interior estamos diante da glória que suplanta a glória, onde as "coisas perfeitas" estão abertas diante de nós.[33]

Quando entramos na câmara nupcial, entramos no reino da luz enquanto ainda estamos na Terra. Nessa experiência, nós que fomos separados em indivíduos somos reunidos à nossa origem luminosa, e então atingimos nossa realização. Alcançar essa realização na Terra, nesta vida, é atingi-la também e ainda mais no além – mas, por outro lado, se não atingirmos essa realização na Terra, então "não seremos capazes de recebê-la do outro lado". Se alcançarmos essa realização, estaremos livres tanto na Terra quando após a morte, pois o próprio mundo se tornou o *aeon* (eternidade) e, para nós, o *aeon* é a completude. Teremos atingido o que os gnósticos chamam a "arca da salvação", que está além do dilúvio de distrações marcadas pelo apego à materialidade e à confusão emocional.[34]

Enquanto o Evangelho de Filipe nos dá a descrição externa ou intelectual da gnose, o Evangelho de Tomé, uma coleção dos ditos gnósticos de Cristo, evoca a gnose não pelo lado de fora, mas de dentro para fora. O Evangelho de Tomé é uma coleção dos ditos secretos de Jesus, uma obra cuja natureza se torna mais clara quando a colocamos na linha do Evangelho de Filipe. Filipe nos fala sobre a existência da verdade. O Evangelho de Tomé a mostra para nós diretamente, se tivermos olhos para vê-la. O Evangelho de Tomé começa com este dito de Jesus: "Quem descobrir a interpretação desses ditos não experimentará a morte". E o segundo: "Jesus disse 'Que aquele que busca continue buscando até encontrar. Quando ele encontrar, ficará inquieto. Quando ficar inquieto, ficará atônito, e reinará sobre Todos'".[35]

O Evangelho de Tomé busca instigar diretamente um processo de despertar espiritual, e se passarmos por esse processo (buscar, ficar inquieto e finalmente encontrar) então teremos percebido um estado de imortalidade, ou transcendência luminosa. Esse estado está tanto dentro quanto fora de nós, e é o reino de Deus. Assim,

---

33. *Ibid.*, pp. 140, 150, 151.
34. *Ibid.*, p. 151.
35. Consulte o *Evangelho de Tomé*, BNH, p. 118, Verso 2.

Jesus disse, "devo dar a vocês o que nenhum olho já viu e nenhuma orelha ouviu e o que nenhuma mão tocou e o que nunca ocorreu à mente humana". O que ele concede está além da compreensão humana – e essa é outra maneira de dizer que é o reino de Deus. "Quais são os indícios dessa percepção?", perguntam os discípulos. Jesus responde: "Quando vocês se despirem sem vergonha e tomarem seus trajes e os colocarem sob seus pés como criancinhas e pisarem neles, então vocês verão o Filho d'Aquele que Vive, e não terão medo".[36]

Existem múltiplas leituras desse verso. Uma é literal – que os seguidores atingirão um estado de libertação da vergonha, que é o que também encontramos no Livro do Gênesis. Pouco antes de Adão e Eva serem expulsos do paraíso, eles sentiram vergonha por sua nudez pela primeira vez – e o contrário seria que quando se entra no paraíso, não se sente mais vergonha da nudez. Portanto, entrar no paraíso é como ser uma criancinha, e ser livre da vergonha egoísta. Esse é um argumento consistente no Cristianismo, desde o tempo do Evangelho de Tomé até os adamitas medievais. Mas outra leitura é metafórica: que se deve ser capaz de deixar para trás as vestes físicas (o corpo, ou os apegos terrenos) para ver o "Filho d'Aquele que Vive".

Não importa como se leia esses versos gnósticos, o Evangelho de Tomé se volta para sua interpretação. Enquanto o Evangelho de Filipe nos dá a visão de fora, o Evangelho de Tomé insiste que devemos encontrar a interpretação desses ditos por nós mesmos, individualmente. Assim, Jesus diz, "Abençoados são os solitários e eleitos, pois encontrarão o Reino. Pois pertencem a ele, e a ele retornarão". E mais uma vez, se perguntarmos as origens dos discípulos, eles dirão "Viemos da luz, do lugar onde a luz surgiu por si mesma e se estabeleceu e se manifestou". Quando os próprios discípulos perguntam quando acontecerá o apocalipse, Jesus responde "O que vocês esperam já aconteceu, mas vocês não o reconhecem". Todos esses ditos apontam o leitor ou ouvinte para seu interior e requerem que cada um entenda seu significado experimental por si mesmo.[37]

---

36. *Ibid.*, p. 120, Verso 17; p. 122, Verso 37.
37. *Ibid.*, p. 123, Versos 49-50; p. 130, Verso 113.

Vários versos no Evangelho de Tomé sugerem que existe um estado interior ou esotérico, que é um de transcendência sem pecado e é chamado de câmara nupcial, e um estado externo representado por "quando o noivo deixa a câmara nupcial". Nesse último caso, deve-se "jejuar e orar" para ser restaurado ao estado da câmara nupcial, ou unidade interior. O estado interior não se encontra em um momento futuro ou em outro lugar, insiste Jesus: "Ele não virá se você esperar por ele. Não será uma questão de dizer 'aqui está' ou 'lá está'. Pelo contrário, o Reino do Pai está espalhado pela terra e os homens não o enxergam". Por meio da interpretação e compreensão desses ditos, Jesus nos aponta para a revelação interior direta.[38]

Mas a mais esotérica dessas três obras é o misterioso e paradoxal *O Trovão: a Mente Perfeita*. Enquanto os Evangelhos de Filipe e Tomé nos oferecem as instruções cosmológicas e metafísicas de Jesus, *O Trovão: a Mente Perfeita* existe sem contextualização como "essas são as palavras de Jesus": ele é uma revelação direta desde o princípio, surgindo do nada com um trovão em um dia de céu limpo.

> *Ele começa sem compromissos, como segue:*
> *Eu fui enviado pelo Poder,*
> *E vim para aqueles que refletem sobre mim*
> *E fui encontrado entre aqueles que me procuram...*
> *Não me ignore*
> *Pois sou o primeiro e o último*
> *Sou aquele que é honrado e o desprezado. Sou a prostituta e o sagrado.*[39]

O revelador de *O Trovão: a Mente Perfeita* é "a esposa e a virgem", "a noiva e o noivo", "o silêncio que está além da compreensão" e "a expressão de meu nome". O revelador é "a união e a dissolução", "sem pecado, e a raiz do pecado", "o controle e o incontrolável".[40]

Existe também uma dimensão sexual em *O Trovão: a Mente Perfeita*. Em um verso notável, o revelador diz "sou luxúria em aparência (externa), / e o autocontrole interior existe dentro de mim".

---
38. *Ibid.*, p. 129, Verso 104; p. 130, Verso 113.
39. *O Trovão: a Mente Perfeita*, BNH, p. 271.
40. *Ibid.*, p. 276.

E nos versos finais, o revelador continua: "muitas são as formas de prazer que existem em inúmeros pecados e incontinências e paixões infames e prazeres passageiros que os homens abraçam até que se tornam sóbrios e vão para seu lugar de descanso. E eles me encontrarão lá, e eles viverão, e não morrerão novamente". Como devemos ler essas linhas? Uma interpretação é que, embora as experiências sexuais sejam prazerosas, existe dentro de nós um "autocontrole interior" que também pode ser descrito como sobriedade – uma sobriedade da imobilidade, repouso e paz transcendente.[41]

A dimensão sexual de *O Trovão: a Mente Perfeita* é, então, apenas parte de um contexto paradoxal muito maior. Embora o gnosticismo seja muitas vezes caricaturado incorretamente como "dualístico", na verdade vemos em todas essas obras uma rejeição do dualismo e uma aceitação da transcendência que aceita a existência da sexualidade humana e aponta para além dela. O que se tornou conhecido como Cristianismo ortodoxo é marcado por um dualismo claro, uma rejeição temerosa ou supressão da sexualidade, enquanto *O Trovão: a Mente Perfeita* expressa o desejo da transcendência de todos os opostos. *O Trovão: a Mente Perfeita* alcança a mesma transcendência que o asceticismo busca, mas por uma linha de ascensão diferente, mais tântrica.

Entretanto, durante o tempo dos gnósticos, essa possível linha de ascensão foi excluída do Cristianismo convencional ou ortodoxo. A rejeição da tradição das *subintroductae* e a recusa em reconhecer as correntes gnósticas representadas no Evangelho de Tomé, no Evangelho de Filipe ou em *O Trovão: a Mente Perfeita* como qualquer coisa que não uma heresia – essas decisões significaram que o Cristianismo foi um ambiente muito menos fértil para o misticismo como categoria ampla. Podemos imaginar um Cristianismo que, similar ao Budismo, incorporou uma pletora de tradições e práticas mutuamente tolerantes, todas compartilhando as mesmas premissas e objetivos místicos subjacentes. Esse Cristianismo pluralista, em vez de operar com medo de "hereges", teria, à maneira de *O Trovão:*

---

41. *Ibid.*, p. 274, 276, 277.

*a Mente Perfeita*, absorvido todos os modos em si e os transmutado em uma variedade de caminhos para o reino. Infelizmente, não foi isso que aconteceu.

## *Conclusões*

Quando damos um passo para trás e olhamos melhor para a história do Cristianismo primitivo, podemos ver como a tradição se tornou dominada por aqueles que insistiam na primazia da história – em oposição direta ao Evangelho de Tomé, em que Cristo diz explicitamente para os discípulos para não esperar um futuro apocalipse hipotético, mas olhar para o reino de Deus que se estende diante deles. Em vez da insistência gnóstica de que a realização espiritual deve acontecer aqui e agora, nesta vida, o Cristianismo convencional começou a enfatizar a fé em uma revelação futura adiada indefinidamente, seja ela um apocalipse na Terra ou um destino póstumo para aqueles conhecidos não como gnósticos ou conhecedores, mas como crentes. Os próprios termos revelam suas bases: gnósticos *sabem* por que estão unidos com aquilo que sabem, e essa união é conhecimento. Mas os crentes estão, por definição, separados daquilo em que acreditam. O preâmbulo (fé) venceu a culminação (gnose) e a expulsou. O dualismo venceu o não dualismo gnóstico: essa é a verdadeira história do Cristianismo primitivo.

Mas há mais. O que estava sendo marginalizado nesses primeiros séculos cruciais do Cristianismo primitivo? O que aconteceu quando o Evangelho de Tomé, o Evangelho de Filipe e *O Trovão: a Mente Perfeita* foram excluídos do cânone da Igreja, e quando os gnósticos foram amargamente difamados pelos padres da Igreja? Quem, e o que, estava sendo expulso da Igreja? E quais foram as consequências de longo prazo desse afastamento da gnose e do conhecimento espiritual direto, e da aproximação de uma ênfase exclusiva na fé em um Jesus histórico? As respostas a essas perguntas reverberam pelos milênios, e as vemos emergir no Ocidente na Inquisição, na perseguição contínua dos "hereges" e místicos, e nas instituições patriarcais, racionalistas e repressivas.

Eu digo "no Ocidente" porque no Cristianismo oriental vemos um tipo de tradição diferente. Nele, o misticismo foi incluído, não excluído. O Cristianismo oriental incorporava misticismo e a prática da oração contínua (mais tarde chamada *hesicasmo*) que vemos entre os antigos "anarquistas místicos" como os messalianos. E, além disso, ele incluía um conjunto diferente de atitudes em relação às mulheres. Enquanto o Cristianismo agostiniano desconfiava do casamento e, sem dúvida, da sexualidade, o Cristianismo oriental permitia que os sacerdotes se casassem, um tipo de versão modificada do que vimos na Igreja primitiva como a tradição das *subintroductae*.

E, é claro, esses dois temas estão intimamente ligados. É realmente apenas coincidência que o verbo "conhecer" tenha o significado duplo de adquirir conhecimento e de ter relações sexuais? Não é simples coincidência. Nem é acidente que muitos místicos cristãos posteriores se inspiraram na linguagem da união sexual para expressar suas experiências de união mística. A união sexual e a união mística refletem e refratam aspectos uma da outra. Isso porque as duas derivam da necessidade humana fundamental de se afastar da separação ou dualidade e buscar a unidade. É isso que a necessidade de "conhecer" expressa: ela é na verdade nossa necessidade de autotranscendência.

A dominância do Cristianismo convencional no Ocidente comprimiu tradições anteriores de práticas e imagens sexuais, além do gnosticismo cristão, em correntes marginalizadas que, mesmo assim, podem ser traçadas claramente através da história. Não é como se, só porque uma forma da tradição ocidental se tornou dominante, todas as outras tivessem desaparecido – embora a história costume ser contada assim. Na verdade, os tipos de tradições que estamos considerando aqui permaneceram principalmente no subterrâneo. Mas por estarem, sem dúvida, dentro do espectro religioso ocidental, elas não podem ser simplesmente estripadas, nem desaparecerão. Em vez disso, elas são continuamente redescobertas ao longo dos séculos, e emergem, repetidamente, em novas formas, com vigor renovado que vem da empolgação da redescoberta.

Então, vamos examinar algumas dessas redescobertas "heréticas".

# 3

# MISTÉRIOS HERÉTICOS

Uma das questões mais fascinantes na história do misticismo sexual ocidental é quanto e como as tradições gnósticas podem ter sido transmitidas para a Europa medieval. Muitos historiadores afirmaram que não aconteceu uma transmissão em particular, apenas poucas referências vagas em documentos medievais a predecessores gnósticos e, no máximo, uma espécie de semelhança familiar grosseira entre movimentos heréticos medievais como os paulicianos, os bogomilos, os cátaros e outros. Mas ficamos imaginando. Aquilo que se tornaria conhecido como "ortodoxia" no Ocidente foi realmente tão triunfante a ponto de obliterar completamente as tradições gnósticas além de quaisquer correntes restantes do misticismo sexual que sobreviveram desde a Antiguidade?

Existem duas regiões férteis que devemos considerar quando investigamos essa questão: primeiro, o Leste Europeu, e segundo, a região de Provença, no sul da França. Que o sul da França foi o lar de possíveis herdeiros do gnosticismo é sabido e reconhecido há muito tempo. De fato, os cátaros de Provença sem dúvida estavam entre os movimentos "heréticos" mais bem-sucedidos, pois tiveram uma influência cultural significativa na Europa medieval, e eles acabaram sofrendo uma campanha brutal de estripação da Igreja Católica Romana. Muito foi escrito sobre os cátaros. Porém, os grupos heréticos do Leste Europeu são menos conhecidos, e é com eles que devemos começar.

## Linhas de transmissão

É difícil dizer exatamente como o Leste Europeu se tornou um centro para diversas heresias gnósticas ou paragnósticas no começo do período medieval. Alguns estudiosos sugerem uma linha de transmissão por via do Cristianismo grego e de Bizâncio para a área da Bulgária, Bósnia, Sérvia, Romênia e Hungria, e há bons motivos para suspeitar dessa linhagem, já que, afinal, a Igreja Ortodoxa se tornou dominante em grande parte do que hoje chamamos de Leste Europeu. Como já vimos, também há bons motivos para vermos pelo menos vínculos filiais entre os messalianos, os paulicianos e outros grupos "heréticos" como correntes que alimentam o rio maior da Igreja Ortodoxa, e sendo levadas das terras ortodoxas orientais para o Leste Europeu. Desde o princípio, a Igreja Ortodoxa tomou um curso significativamente diferente de sua contraparte Católica Romana, finalmente, por exemplo, rejeitando o papado romano e abraçando um clero casado. Esse caminho diferente da Igreja Ortodoxa correspondeu, pelo menos em alguns aspectos, às ênfases de diversos grupos "heréticos" que criaram raízes no Leste Europeu, mesmo se a Igreja Ortodoxa ocasionalmente passasse por seus próprios paroxismos de heresiofobia.

A verdade é que não sabemos realmente, muito com certeza, sobre esses vários grupos "heréticos" que desde muito cedo – pelo menos desde o século VII d.C. – fizeram do Leste Europeu sua fortaleza. Que os "hereges" eram detestados por aqueles que se consideravam "ortodoxos" fica muito claro pelos documentos vitriólicos que temos. Mas agora sabemos que isso reflete um padrão bem conhecido no Cristianismo ocidental, e que também se repete no Leste Europeu. Quando imperadores ou governantes se identificavam com a hierarquia de uma igreja, no fim eles achavam imperativo extirpar aqueles "hereges" vistos como uma ameaça política e religiosa. Havia rumores de que existia um "antipapa" herege escondido no Leste Europeu – que era anátema ao Catolicismo e à ortodoxia e, portanto, esse era um rumor eficaz para espalhar se alguém quisesse avivar as chamas de uma Inquisição incipiente.

Quanto mais se estuda a história das heresias no Leste Europeu, mais misteriosos os fenômenos se revelam. Quais foram as origens das "heresias" do Leste Europeu? Existe uma associação convencional clara dos bogomilos – grupo que recebeu o nome de um sacerdote – com grupos ascetas primitivos como os paulicianos e os messalianos ou euquitas. Além do mais, a documentação que resta do período de 650 a aproximadamente 1400 – registros da Inquisição, registros de anátemas e relatórios de investigações de governantes e clero do Leste Europeu – fazem referências consistentes a vínculos entre os bogomilos e esses grupos heréticos anteriores, além de entre os bogomilos e gnósticos como Simão, o Mago, e Valentim. Podemos interpretar essas acusações como sendo o comportamento-padrão de aspirantes a inquisidores, porque, afinal, o modo mais fácil de estabelecer a ortodoxia cristã de alguém é acusar outro grupo de heresia, ou melhor ainda, de pactos com o Diabo e infanticídio. Mesmo assim, isso faz pensar.

Um dos muitos intrigantes contribuidores adicionais à teologia bogomiliana é o zoroastrismo persa, e outro foi o maniqueísmo. De fato, os bogomilos eram frequentemente acusados de serem maniqueístas, uma tradição religiosa muitas vezes acusada de ser sinônimo de dualismo. Todas essas tradições são dualistas no que concerne a este mundo ser um vale de sofrimento, e esperam ansiosamente por outro mundo de luz para sua salvação. Assim como algumas correntes do gnosticismo na Antiguidade viam esse mundo como a criação de um demiurgo ignorante, também se dizia que os zurvanitas, os maniqueístas e os bogomilos consideravam este mundo o domínio de um poder maligno ou destrutivo, enquanto a salvação seria encontrada no mundo luminoso que era o domínio do verdadeiro Deus. Assim, a tendência dos bogomilos de ver Cristo doceticamente – ou seja, pertencendo ao mundo da luz e não ao mundo de carne e sangue dos seres humanos – faz muito sentido.

Ainda assim, essa misteriosa tradição religiosa do Leste Europeu inclui também outros elementos, inclusive alguns da Antiguidade pagã. Esses elementos pagãos ainda estão presentes no que chamamos de *stecci*, peculiares monumentos de pedra encontrados por toda a Bósnia, Sérvia e Herzegovínia. Eles datam dos séculos XIV e XV, mas refletem tradições muito mais antigas. Esses monumentos de pedra exibem uma variedade impressionante de símbolos, incluindo suásticas, pentagramas, cruzes ansatas ou egípcias, e numerosas cenas de caçadas, danças, justas e outras atividades. A partir do século XIX, estudiosos ligaram essas pedras enigmáticas a influências maniqueístas ou até mesmo à sobrevivência de cultos misteriosos helênicos mais antigos. E de fato, no século XIII os bogomilos foram acusados de continuar a praticar "rituais helênicos" derivados da Antiguidade.[42] Não importa o que se conclua, está claro que as gravuras nas *stecci* revelam algumas pistas sobre as tradições religiosas e culturais sincréticas únicas da região.

## O segundo batismo secreto

Quais eram as práticas dos bogomilos? Essa é uma pergunta com algumas respostas interessantes. Quando examinamos o conjunto de documentos restantes do período que detalham o bogomilismo, temos de reconhecer sua origem nos inimigos do bogomilismo, como é tantas vezes o caso. Mesmo assim, alguns temas são recorrentes. Talvez o mais importante deles seja a insistência em um segundo batismo secreto que supostamente se originou em uma linha direta desde os apóstolos.

Uma fonte, Eutímio Zigabeno, escreve que os messalianos enfatizavam a oração, particularmente uma oração iniciatória que suplanta o batismo. Os messalianos defendiam que o batismo, por si só, não erradica as raízes do pecado. Apenas a expulsão do demônio com que nascemos consegue isso. Essa expulsão é similar a um segundo batismo, e, como resultado, se experimenta a presença do Espírito Santo. Ritos e hierarquias exteriores são muito bons, de

---

42. STOYANOV, Yuri. *The Other God: Dualist Religions from Antiquity to the Cathar Heresy*. New Haven: Yale University Press, 2000, p. 256-57. Consulte também, para uma discussão sobre a possível sobrevivência tardia de uma religião misteriosa helênica na Bósnia, FINE, John V. A. *The Bosnian Church: A New Interpretation*. Londres: SAQI, 1975, p. 10. Consulte também FINE, John V. A. *The Early Medieval Balkans*. Ann Arbor: University of Michigan Press, 1983 e *The Late Medieval Balkans*. Ann Arbor: University of Michigan Press, 1987.

acordo com os messalianos, mas o que importa mais é a autoridade interna da pessoa, que deriva diretamente de Deus.[43]

Os bogomilos faziam o mesmo. Um monge chamado Eutímio de Periblepton escreveu em 1045 sobre um ancião bogomilo local que iniciava os seguidores recitando uma liturgia sobre suas cabeças.[44] Essa iniciação foi interpretada por Eutímio como satânica, mas se colocarmos de lado a retórica heresiofóbica mais histérica, vemos a conformação do que também é visível em 1140 no julgamento póstumo de um leigo grego chamado Constantino Chrysomallus, que dizia que o batismo comum não tinha valor. O que importava, ele dizia, era o batismo interior, uma faculdade de percepção espiritual ou intelectual que traz uma revelação interior do Espírito Santo.[45] Essa faculdade é despertada por um segundo batismo, uma impostação de mãos pelos iniciados.

Assim, todos os cristãos deveriam ser iniciados e regenerados pela "impostação das mãos pelos guardiões habilidosos em alguma graça mística". Essa graça "pertence aos bogomilos que introduziram um segundo batismo sagrado próprio, que traz a perfeição e proporciona o Espírito Santo". As duas fontes insistem que é necessário um segundo batismo, que começa com uma invocação iniciatória da graça e a impostação das mãos "dos guardiões especializados desse grande mistério", e que culmina no despertar espiritual e perfeição.[46] Podemos ver então como o bogomilismo de fato pode ter tido em seu cerne uma tradição iniciatória secreta de um segundo batismo, e uma ênfase associada à experiência espiritual e autoridade diretas. Afinal, essas são registradas até mesmo nos documentos dos inimigos amargos e detratores dos bogomilos.

Mas e quanto às acusações consistentes desde o princípio sobre dimensões sexuais nos ensinamentos bogomilos? Aqui, mais uma vez, estamos de volta ao mesmo território que encontramos no Cristianismo primitivo, e antes nos mistérios pagãos: por um lado, vemos ascetismo extremo, chegando a ponto da insistência na castração,

---

43. HAMILTON, Janet e Bernard (Trads.). *Christian Dualist Heresies in the Byzantine World*. Manchester: Manchester University Press, 1998, p. 174.
44. *Ibid.*, p. 147.
45. *Ibid.*, p. 213.
46. *Ibid.*, p. 214.

e, por outro, vemos relatos de orgias noturnas. Estamos vendo aqui, nas fontes medievais, apenas reflexos de acusações anteriores? Nas fórmulas do século X pelas quais os heréticos acusados deviam abjurar sua heresia, lemos: "Anátema para aqueles que [...] se reúnem para celebrar um banquete no primeiro dia de janeiro, e depois da sessão de bebida da noite apagam as luzes e têm uma orgia, sem poupar ninguém com base na idade, no sexo ou relacionamento".[47] Um fraseado idêntico é encontrado em muitas fórmulas desse tipo, que deviam ser lidas em voz alta por aqueles que estavam rejeitando as heresias.

Acusações de orgias noturnas gnósticas remetem às histórias chocantes contadas por Epifânio e Irineu na Antiguidade tardia – mas essas acusações são apenas importadas de uma acusação-padrão do passado? Isso certamente é uma possibilidade. Assim, também encontramos a acusação-padrão de que os bogomilos cometiam infanticídio e até mesmo consumiam os corpos das crianças – precisamente o tipo de alegação absurda que Epifânio fazia, e que, como vimos em detalhes, foi feita contra um grupo minoritário após outro na história do Cristianismo.[48] Contudo, não vemos acusações de infanticídio nas fórmulas de abjuração: em vez disso, vemos a afirmação explícita de um banquete tradicional seguido por uma orgia em 1º de janeiro. A data de 1º de janeiro pode sugerir a continuidade das tradições pagãs romanas, mas qual seria a significância cristã de uma celebração orgiástica?

Sabemos que, como alguns dos gnósticos na Antiguidade, os bogomilos tendiam a rejeitar ou denegrir o casamento, e a promover o celibato, bem como o vegetarianismo.[49] Mesmo assim, celebrações orgásticas não parecem corresponder às inclinações documentadas dos bogomilos para o celibato e o vegetarianismo. Existem três interpretações gerais possíveis: primeiro, que as acusações são simplesmente falsas, e que não existiram essas práticas sexuais noturnas entre os bogomilos; segundo, que alguns bogomilos

---

47. *Ibid.*, p. 107.
48. VERSLUIS, Arthur. *The New Inquisitions*. Nova York: Oxford University Press, 2006.
49. Consulte, por exemplo, as passagens contra os bogomilos inseridas em um synodikon, ou sumário de fé, ortodoxo do século XI, reimpresso *in* HAMILTON, Christian. *Dualist Heresies*. 134ff.

mantiveram vivos alguns elementos das tradições religiosas misteriosas da Antiguidade; ou terceiro, que as acusações são de fato mal-entendidos ou interpretações errôneas do asceticismo bogomilo ou, para introduzir uma palavra que discutiremos em breve, *encratismo*. Naturalmente, não podemos excluir nenhuma dessas possibilidades e, de fato, todas podem ser verdadeiras, dependendo do grupo e do período.

Mas certamente é possível que os bogomilos tenham continuado algumas tradições iniciadas por figuras gnósticas como Saturnino e Carpócrates – particularmente, o vegetarianismo e o celibato. Essas práticas existem em um contexto melhor descrito como encrático do que como ascético. Práticas encráticas, ou encratismo, envolvem purificação interior e desapego, o cultivo da libertação do apego à vida terrena. Como resultado, a escola de Basilides em particular defendia que, após certo ponto, não importava se alguém comia carne ou não, ou se participava de determinadas práticas sexuais. O que importa é o estado de consciência interior. Então, é possível que uma pessoa "esteja no mundo, mas não seja do mundo", mesmo participando externamente de atividade sexual, mas internamente desligado e vitorioso sobre ela.

Essa é a conclusão de Stephen Gero, que considerou a conexão próxima entre asceticismo encrático por um lado e as práticas sexuais encráticas por outro. Gero escreve que o gnosticismo borborita com uma dimensão sexual era "simplesmente a outra faceta da preocupação com jejuns e sexualidade". Essa linha do gnosticismo, ele acredita, não envolvia ascetas ou libertinos convencionais, mas sim "mantinha [uma] ênfase encrática na sexualidade" enquanto alegava "ser capaz de dominá-la, [neutralizar] seu veneno por meio de seu exercício intencional e sistemático". Gero continua, sugerindo que esse gnosticismo com uma dimensão sexual "constitui em grande parte uma sociedade secreta que levou uma existência clandestina dentro de outros grupos cristãos (leigos ou monásticos)".[50] Vamos

---

50. GERO, Stephen. *Encratite Orthodoxy and Libertine Heresy* in HEDRICK C.; HODGSON, R. (Eds.). *Nag Hammadi, Gnosticism, and Early Christianity*. Peabody, MA: Hendrickson, 1986, p. 306.

nos lembrar de uma perspectiva análoga adotada no Cristianismo primitivo nas práticas que envolviam as *virgines subintroductae* – ou seja, bispos, sacerdotes ou ascetas vivendo com companheiras virginais e a consequente tensão sexual sem consumação.

O Cristianismo, em outras palavras, inclui um espectro de possibilidades ou tendências arquetípicas relativas à sexualidade, e é razoável conjecturar que tipos mais ousados de práticas sexuais místicas tinham de ser transmitidas em segredo e muitas vezes por meio de simbolismo ou analogia. Porém, não é necessário postular uma única sociedade secreta que continue desde a Antiguidade tardia até o período medieval – outra possibilidade é que os mesmos tipos de tradições e práticas podem ter sido redescobertos espontaneamente em uma nova era e circunstâncias históricas. E o mesmo pode ser dito sobre os oponentes de qualquer tipo de misticismo sexual? Eles também reaparecem e se tornam inquisidores caçadores de hereges em um padrão antigo que parece endêmico às tradições religiosas monoteístas em geral, especialmente certas formas do Cristianismo.

Assim, é possível que os bogomilos, conhecidos por seu encratismo celibatário, incluíssem alguns membros ou grupos ocultos que (como seus predecessores na Antiguidade tardia: os borboritas, carpocracianos, ofitas e gnósticos relacionados) buscavam um caminho oculto que passava pela sexualidade e a ultrapassava, rejeitando um caminho de supressão. Isso pode explicar por que os bogomilos foram banalmente acusados no começo (o século X) e no fim (século XIV) de realizar orgias noturnas. A orgia noturna era, é claro, uma acusação-padrão contra "hereges" que vinha desde a Antiguidade tardia, e continua até a caça às bruxas do começo do período moderno. Muito mais provável do que orgias noturnas é que alguns bogomilos praticassem uma disciplina de relação sexual encrática – ou seja, de união sexual sem ejaculação – similar à prática cristã anterior e bem documentada do sineisactismo. Se isso for verdade – ou seja, se formas variantes de sineisactismo eram características de um grupo como esse –, o que podemos encontrar? A resposta pode muito bem estar nas duas "heresias" mais proeminentes do período medieval: os cátaros e os irmãos do espírito livre.

## *A heresia catariana*

As conexões entre o movimento bogomilo do Leste Europeu e o movimento herético dos cátaros no norte da Itália e sul da França agora estão muito bem estabelecidas. Muito provavelmente, aspectos do gnosticismo viajaram para o norte pela Grécia à medida que o que se tornaria a Igreja Ortodoxa se desenvolvia, e então criaram raízes na forma do bogomilismo no Leste Europeu. Os bogomilos e outros de tendência "herética" do mundo bizantino por sua vez estabeleceram elos com a França Provençal, onde o catarismo se desenvolveu durante o século XII. O catarismo, é claro, se tornou o maior desafio institucional ao Catolicismo romano do período medieval, com regiões inteiras sob sua autoridade. O que os cátaros acreditavam e praticavam que os tornou desafiantes tão poderosos da Igreja?

Como os bogomilos, os cátaros usualmente são retratados como dualistas radicais – ou seja, defendendo o que quase poderíamos chamar de maniqueísmo cristão. Mas o que realmente significa *dualismo radical*? Sempre fui um tanto cético sobre esse termo, usado com muita frequência para identificar muitos grupos e indivíduos "heréticos" ao longo dos séculos e milênios. Eu já fiquei em um castelo cátaro que ainda existe entre paisagens selvagens e pomares de oliveiras, com uma vila a distância que já existia no século XIII. O que mais me impressionou naquela linda região de Provença foi que a paisagem é mais semelhante a um paraíso terreno do que um suposto reino do Diabo. Quando caminha pelas trilhas nas montanhas, você está cercado pelos odores de alecrim e tomilho, por lindas plantas verdes e árvores odoríferas. Parece um lugar estranho para se dar à luz a difamação enfática do mundo.

E o catarismo tem outra dimensão enigmática: ele estava ligado intimamente (como o maniqueísmo, na verdade) às artes e à poesia. Como é bem sabido, o movimento trovador floresceu aqui ao mesmo tempo, e na mesma região, também entre os cátaros. Os trovadores se devotavam a um relacionamento cavalheiresco com um membro do sexo oposto, e refinaram a prática de adorar a amada a distância em um tipo de religião literária que combinava o celibato com uma poderosa tensão e desejo sexual. A poesia dos trovadores, de fato, revela o que podemos chamar até mesmo de um tipo de sineisactismo ritualizado, em que o trovador idolatra e ama sua adorada a distância, com o amor se manifestando nas joias literárias dos poemas e canções dos trovadores. Mas qual foi a conexão, até simbiose, entre o catarismo e os trovadores?

Denis de Rougemont é o defensor mais conhecido do argumento de que os cátaros e os trovadores foram fenômenos paralelos e interconectados. Em seu influente livro *O Amor e o Ocidente*, ele argumenta que na Provença do século XII, as correntes do amor cortês e apaixonado se entrelaçaram com a cultura catarista do período, e que uma mistificação do amor era central à interconexão entre eles, ou, dito de outra forma, uma abordagem de Deus por meio de um amante do sexo oposto. A cultura dos trovadores, ele continua, é similar a uma tradição islâmica de misticismo do amor na qual o simbolismo de morrer por amor ou ao serviço de uma dama funciona em múltiplos níveis.

O contra-argumento da tese de Rougemont, é claro, é de que o catarismo representa um movimento dualista separado de renúncia ao mundo que não tinha nada em especial em comum com os trovadores e sua exaltação do misticismo do amor.[51] Afinal, os cátaros não eram celibatários? E aqueles no nível mais elevado da tradição catarista não eram chamados de *perfecti*, distinguidos pela intensidade de seu asceticismo? Em contraste, os trovadores celebravam o amor e o serviço à sua amante. Parece que os cátaros e os trovadores tinham perspectivas muito diferentes do mundo, uns rejeitando o mundo e os outros aparentemente o afirmando (para colocar de forma crua).[52]

Mesmo assim, temos de reconhecer o argumento de Rougemont de que tanto os trovadores quanto os cátaros representavam uma rejeição do casamento convencional e a aceitação do que po-

---

51. Para uma boa bibliografia de fontes existentes que apontam para a separação entre o catarismo e os trovadores, consulte COULIANU, Ioan. *The Tree of Gnosis*. San Francisco: Harper, 1992, p. 214-38. Como Coulianu tinha a intenção de demonstrar a persistência do "dualismo radical", ele não abordou os tipos de perguntas levantadas por de Rougemont ou René Nelli.
52. ROUGEMONT, Denis de. *Love in Western World*. Princeton: Princeton University Press, 1983, p. 340-8.

demos, sem dúvida, argumentar ser um misticismo transcendental. Além do mais, já vimos que existe uma tradição antiga e recorrente no Ocidente que liga de forma quase indissociável o asceticismo de um lado e o que podemos chamar de libertinagem do outro. Ambos representam uma quebra nas convenções e tabus, o primeiro pela recusa, e o segundo abraçando o que é proibido. Assim, como Rougemont destaca, existe um vínculo intuitivo e inegável entre a poesia amorosa dos trovadores e os cátaros, que não pode ser simplesmente negado, principalmente porque os trovadores existiram na mesma cultura e até nos mesmos castelos que os cátaros.

Os trovadores são um ponto de referência particularmente importante em nossa pesquisa, porque representam a emergência clara no Ocidente de um misticismo do amor erótico, um movimento por meio do amante para a união não só com a amante, mas com o divino através dela. O que quer que se possa dizer sobre esse argumento como um todo, Rougemont está certo em ver a emergência do amor cortês como um momento crítico no Ocidente. Porém, ele não enfatiza sua dimensão mais importante, a mística. Morrer por amor é também renascer, entrar no paraíso na outra vida por meio do anseio não consumado nesta vida. O fenômeno do amor cortês tem vínculos ocultos com o maniqueísmo e também com o misticismo islâmico do amor: ele é, na prática, uma tradição que usa o poder do anseio pelo amor erótico como uma espécie de estilingue para uma união transcendental com a amada.

Todavia, supostamente existiu uma versão mais "selvagem" do misticismo erótico durante o período medieval, e seríamos omissos se não a apresentássemos. Aqui eu me refiro, é claro, aos irmãos do espírito livre.

## *Os Irmãos do Espírito Livre*

Com esse grupo entramos em uma das áreas mais contestadas da heresiografia – os lendários irmãos do espírito livre, cujos membros supostamente eram antinomianos (ou seja, rejeitavam a moralidade convencional da sociedade) e participavam em práticas sexuais como parte de sua tradição religiosa. Esse grupo, como organização, pode muito bem nunca ter existido. Porém, essa tradição decerto se tornou um tema comum durante os séculos XIV e XV na Europa Ocidental, tanto que encontramos místicos famosos como Johannes Tauler, Jan van Ruysbroeck e até Mestre Eckhart condenando esses grupos ou indivíduos como hereges. Mesmo que os irmãos do espírito livre nunca tenham existido como um grupo muito difundido, eles existiram como arquétipo.

Em 1296, o papa Bonifácio VIII emitiu a condenação oficial de uma nova seita cujos membros oravam nus, e durante os dez anos seguintes vemos diversas denúncias similares de um novo movimento leigo de perfeccionistas que oravam, ouviam confissões, agiam como anciãos ou guias espirituais e, alguns alegavam, defendiam que homens e mulheres eram livres para fazer o que quisessem, desde que fossem guiados pelo Espírito Santo. Em 1311, o papa Clemente V encorajou um bispo italiano a obliterar uma nova heresia que agora tinha um nome: uma seita do "espírito livre". Os irmãos do espírito livre ameaçavam a ordem da Igreja e a ortodoxia fazendo quase tudo que não deviam de acordo com elas: eles supostamente permitiam que mulheres fossem anciãs e sacerdotisas, seguiam uma vida apostólica, rejeitavam a hierarquia e os rituais da Igreja, insistiam em um despertar espiritual individual e, pior de tudo, defendiam a abertura para o potencial espiritual da sexualidade. Acusações de orgias e infanticídio não podiam demorar muito para começar!

E, de fato, os inquisidores logo prenderam vítimas "hereges". Entre essas vítimas estava a excepcional mística Marguerite Porete, que foi acusada de heresia perante o bispo local e o inquisidor em 1306, foi aprisionada em 1308 e finalmente queimada até a morte em 1310.[53] Antes de sua morte, um homem chamado Giuliart, que dizia ser um anjo enviado para defender a "Igreja de Filadélfia", interveio a favor de Marguerite, mas foi aprisionado pelo restante da vida por seu envolvimento (Que seu nobre esforço de intervenção tenha sido feito no nome da "Igreja de Filadélfia" é especialmente ressonante,

---

53. LERNER, Robert. *The Heresy of the Free Spirit*. Berkeley: University of California Press, 1972. 76ff.

pois esse foi o nome adotado pelos teósofos cristãos dos séculos XVII e XVIII).[54]

O que Marguerite Porete ensinava? Seu livreto extraordinário *O Espelho das Almas Simples* foi muito copiado por um bom motivo: ele é um manual excepcionalmente bom para o misticismo *via negativa*, ou seja, o misticismo da aniquilação ou autotranscendência. Robert Lerner analisou cuidadosamente o livro em busca de passagens que se mostrassem antinomianas, e havia apenas algumas poucas. Por exemplo, ela foi acusada de escrever que a "alma aniquilada" podia "conceder à natureza tudo que ela desejasse sem remorso de consciência". Mas, na verdade, o que ela escreveu é que "a alma nem deseja nem rejeita a pobreza, tribulação, missas, sermões, jejuns ou orações e dá à Natureza, sem remorso, tudo que ela pede". Mas ela se apressa em explicar que, como o despertar da alma é tão "bem ordenado", ela não "pediria nada proibido".[55] Assim, Lerner conclui, enquanto Marguerite possa ter sido do Espírito Livre, ela não é antinomiana.

O mero fato de que um místico do *status* de Marguerite pudesse ser aprisionada e executada como antinomiana levanta dúvidas sobre numerosas acusações contra beguinas e begardos encráticos. Como as palavras dela foram claramente distorcidas e, na verdade, ela é uma das místicas mais importantes do período medieval, ficamos obrigados a duvidar das acusações contra outros místicos leigos supostamente antinomianos. De fato, há razões para duvidar também de algumas das confissões do período. Sentimo-nos compelidos a duvidar, por exemplo, que os hereges do Espírito Livre acusados praticassem infanticídio.

Mesmo assim, apesar de suas origens suspeitas, pode haver um fundo de verdade em algumas das acusações e confissões. Duas das confissões mais importantes de membros do Espírito Livre aconteceram

---

54. Consulte a tradução para o inglês de Robert Ayshford de *Aurora Sapientiae* (St. Paul: New Grail, 2005) para um texto datado de 1629 que proclama a "Igreja da Filadélfia". É claro que o grupo teosófico inglês subsequente do final do século XVIII liderado por Jane Leade também chamava a si mesmo de filadelfinos. Se existe qualquer continuidade histórica com grupos anteriores, permanece assunto de especulação.
55. LERNER, *Heresy of the Free Spirit*, p. 76.

nas severas inquisições na Checoslováquia no começo do século XIV. Gallus de Novo Castro extraiu relatos de John e Albert de Brünn, que alegaram que, como begardos, eles haviam finalmente alcançado um ponto de "liberdade perfeita" em que podiam ter casos sexuais, e no qual o que antes eram pecados mortais se tornavam simples pecados veniais. De acordo com essas confissões, os hereges tinham um sinal secreto pelo qual podiam transmitir seu desejo de comunhão sexual, e se uma irmã usasse o sinal, o irmão deveria participar das relações "vigorosamente, duas ou três vezes".[56] Há alguma verdade nesse relato? É possível.

O mesmo é verdade para uma mulher que ensinava como anciã espiritual em Bruxelas no começo do século XIV sob o nome de Bloemardinne. Renomada e reverenciada durante sua vida, dizia-se que Bloemardinne era acompanhada à comunhão por dois serafins e, quando morreu, seu corpo foi tratado como o de uma santa, e que os doentes o tocavam na esperança de uma cura miraculosa. Bloemardinne na verdade era uma aristocrata chamada Heylwig, que andava pelos círculos da alta classe e que se dizia ensinar sentada em uma cadeira de prata. Ela era renomada por sua piedade e se dizia que ela ensinava que os praticantes espirituais podiam alcançar a liberdade interior que se manifesta no "amor seráfico". Esse amor seráfico foi interprestado como tendo ou permitindo uma dimensão carnal, e alguns estudiosos defendem que o místico Jan van Ruysbroeck atacava Bloemardinne ferozmente como sendo uma falsa mística em seus próprios escritos místicos.[57] Naturalmente, o próprio Ruysbroeck foi atacado mais tarde como falso místico!

O que podemos concluir desses exemplos como os de Bloemardinne ou Marguerite Porete, ou das acusações contra os begardos e beguinas? Primeiro, podemos notar a continuidade com os movimentos "heréticos" da Antiguidade tardia: aqui, entre os Espíritos Livres medievais, vemos exatamente o que vimos com grupos como os messalianos:

1. Uma rejeição da burocracia ou hierarquia da Igreja;
2. A adoção da vida próxima à Natureza;
3. A aceitação de mulheres como professoras e anciãs;

---

56. *Ibid.*, p. 109-110.
57. *Ibid.*, p. 191, citando MIERLO, Jozef van. *Bloemardinne* in *Dictionnaire d'histoire det de géographie ecclésiastiques IX* (1937), p. 207-212.

4. A afirmação de que a autenticidade espiritual significa uma transcendência das restrições moralistas pela consciência interior e conhecimento espiritual direto.

Esses quatro princípios ou tendências foram o bastante para ameaçar o Cristianismo burocrático, e para iniciar as mesmas alegações de orgias e infanticídio feitas na Antiguidade tardia contra os gnósticos e que ainda eram feitas contra seus herdeiros nos séculos XIV e XV.

Mesmo com isso tudo, decerto existiram correntes de misticismo sexual que fluíram pelo Cristianismo medieval, tanto heréticas quanto ortodoxas. Como poderia ser diferente, em uma tradição que exaltava o casamento espiritual de Cristo e sua esposa, a Igreja, uma tradição que se inspirou na antiga poesia erótica da tradição da sabedoria de Salomão e que buscava o casamento espiritual com Cristo após a morte? O amor seráfico de Bloemardinne é realmente tão diferente das "núpcias espirituais" de Jan van Ruysbroeck? Afinal, eles estavam elaborando a partir da mesma linhagem de amor e união místicos.

## *Conclusões*

Quando mais se estuda o assunto, mais se conclui que muito da História é recitação da mesma litania repetidamente. Muito poucos historiadores abordam seus temas com novas formas de compreensão, e ainda menos com *insights* simpáticos sobre o que um grupo ou indivíduo realmente fazia. Parte do problema em nossa área de estudo em particular – ainda mais quando consideramos a Antiguidade tardia ou o período medieval, mas também quando examinamos fontes do começo da era moderna ou até mesmo contemporâneas – é que o consenso é quase sempre determinado logo no começo por heresiofóbicos, e que aqueles considerados "hereges" deixam de sê-lo quando recebem a cortesia de uma nova análise ponderada. Pelo contrário, as mesmas acusações desgastadas são usadas repetidamente: eles devem ter sacrificado e devorado crianças, eles devem ter participado de orgias, e assim por diante. Assim, o que os "hereges" realmente ensinavam ou praticavam está irremediavelmente oculto aos nossos olhos, talvez permanentemente.

Apesar de tudo isso, começamos a ver padrões emergirem do complexo palimpsesto da História, e começamos a decifrar seus significados ocultos. Sem dúvida, existe uma antiga tradição no Ocidente que liga o asceticismo à libertinagem, e isso, paradoxalmente, conecta a rejeição do mundo à sua afirmação, o misticismo erótico à transcendência. O que estamos examinando aqui é uma espécie de grande charada, um enigma cujos contornos começamos a ver muito antes na história ocidental, mas que entram em foco quando nos aproximamos do período moderno. Pois, enquanto na Antiguidade tardia e no período medieval tenhamos principalmente o testemunho de oponentes e inimigos ferozes, no período moderno vemos o testemunho dos próprios praticantes. Como veremos, isso é crucial para entender o que eles eram (e são).

# 4

# A REDESCOBERTA DO MISTICISMO SEXUAL CRISTÃO

É relativamente fácil imaginar que o período medieval na Europa e Inglaterra implicava uma divisão razoavelmente clara entre indivíduos ou grupos heréticos – alguns dos quais podem ter adotado uma forma ou outra de misticismo sexual – e o Cristianismo historicista mais convencional que rejeitava essas ideias ou práticas. Porém, essa representação não faz justiça à complexidade da história religiosa e cultura ocidental, ou às formas inesperadas com que a sexualidade ou os simbolismos sexuais foram incorporados às praticas religiosas populares desde a Antiguidade até a modernidade. No princípio da modernidade, o fim do século XVIII, um elegante escritor e antiquário britânico chamado Richard Payne Knight (1750-1824) começou a notar e então coletar e escrever sobre os modos como o simbolismo sexual havia sido incorporado à vida religiosa popular na Europa e Inglaterra. Por fim, ele publicou *A Discourse on the Worship of Priapus and Its Connection with the Mystic Theology of the Ancients* (1786), um livro que gerou tamanhas críticas por suas discussões irônicas e eruditas sobre moedas, gravuras e amuletos explicitamente sexuais que teve de ser tirado do mercado. O mais interessante para nós é o que Knight descobriu, e o que essas descobertas significaram.

Knight era um colecionador inveterado, e seu livro sobre a adoração de Príapo foi resultado de sua incrível coleção de amuletos explicitamente sexuais e outras curiosidades da Antiguidade até sua época, que ele legou ao Museu Britânico após sua morte. Knight escreveu que sua atenção foi atraída para esse tema quando ele e outros viajantes observaram na Itália que mulheres e crianças muitas vezes usavam amuletos mostrando um falo ereto para afastar o mau-olhado.[58] Ele também detalha como em 1780 testemunhou em uma igreja italiana dedicada a Cosme mulheres ofertando pequenos falos de cera votiva, e como se acreditava que o óleo de Cosme fosse curativo para o ventre – tanto que cerca de mil e quatrocentos frascos do óleo foram produzidos só em 1780.[59] O que ele descobriu, em outras palavras, foi que o Catolicismo romano havia incorporado imagens sexualmente explícitas e tradições populares. Isso o levou a investigar de onde essas tradições podiam ter se originado.

Incrivelmente erudito, Knight estudou cuidadosamente as obras gregas e romanas da Antiguidade clássica, obras de Ovídio, Virgílio, Plutarco, Lívio, Macróbio, Lactâncio e uma ampla variedade de outros autores. O que ele concluiu foi que os antigos afirmavam o que ele chamou de "sistema de emanação", que era "extremamente bem calculado para produzir o bem temporal, pois, pela multiplicação infinita de divindades subordinadas, ele efetivamente excluía duas das maiores maldições que já afetaram a raça humana, a teologia dogmática e a consequente perseguição religiosa".[60] Knight afirmava assim que imagens de cópula, por exemplo, mostravam "a encarnação recíproca do homem com a divindade" que primeiro animou o "homem com uma emanação de sua própria essência" e então empregou "essa emanação para se reproduzir, em conjunto com os poderes produtivos comuns da Natureza, que são nada mais do que seu próprio espírito prolífico transfundido pela matéria".[61]

---

58. KNIGHT, Richard Payne. *A Discourse on the Worship of Priapus and Its Connection with the Mystic Theology of the Ancients*. Londres: 1786. Reimpressão, New York: Julian, 1957, p. 13-4.
59. *Ibid.*, p. 20-3.
60. *Ibid.*, p. 211.
61. *Ibid.*, p. 67-8.

*Figura 4.1. Um falo alado de um vaso grego antigo.*

*Figura 4.2. Desenho de uma efígie fálica alada descoberta por Knight.*

Em outras palavras, embora o uso de amuletos ou imagens votivas para aumentar a fertilidade seja mágico, na visão de Knight há por trás dessas dimensões algo semelhante a uma teologia neoplatônica mística de emanação. *Emanacionismo* significa que o mundo visível é considerado como uma emanação de, ou originado de, mundos mais elevados, e é não dualista e inclusivo: essas são exatamente as características que ele enfatizou. Knight reconheceu que formas historicistas de Cristianismo, como representadas nas caças às bruxas e inquisições, manifestam uma forma extrema de dualismo que opõe "ortodoxia" e "heresia", e, mais importante, opõe aqueles que se consideram "ortodoxos" às vítimas chamadas "hereges". Ele estava argumentando a favor de uma perspectiva religiosa e filosófica que incluísse todas as dimensões da vida humana, incluindo a sexualidade, em vez de excluir a sexualidade e imagens sexuais como "malignas".

Vale a pena refletir sobre as imagens de falos alados que Knight descobriu na Inglaterra. O que as asas significam? Knight sugere que na Antiguidade "os órgãos reprodutivos femininos eram reverenciados como símbolos dos poderes geradores da natureza ou matéria, assim como os masculinos simbolizavam os poderes geradores de Deus".[62] Contudo, as asas também simbolizam muito mais do que apenas a fertilidade, pois imagens de animais ou símbolos sagrados

---

62. *Ibid.*, p. 53.

têm uma dimensão transcendente, representando a "emanação geral do espírito pervasivo de Deus, pelo qual todas as coisas são geradas e mantidas" e que se expande "pelo Universo, dando vida e movimento aos habitantes da terra, água e ar, por participação de sua própria essência".[63] Assim, essas imagens têm um significado místico, refletindo a união e participação com o divino.

*Figura 4.3. Uma urna com um falo alado encontrada na Inglaterra por Knight.*

Knight foi um pioneiro, publicando um livro assim em 1786, e muitos outros seguiram suas pegadas. Um sucessor digno de nota foi Thomas Wright, que em 1866 publicou *The Worship of the Generative Powers During the Middle Ages of Western Europe*. Enquanto Knight se concentrou principalmente no simbolismo sexual na Antiguidade, Wright, reconhecendo sua dívida para com seu predecessor, continuou a pesquisar esse tópico, mas se concentrou no período medieval e início da era moderna. Wright descobriu que imagens romanas de falos ou vulvas eram predominantes por toda a Europa e na Inglaterra, e descobriu que muitas igrejas tinham imagens sexuais explícitas, muitas vezes nos portais. Várias dessas imagens sexuais foram desfiguradas ou destruídas durante o período da Revolução Francesa ou durante a ascensão do puritanismo.[64] De fato, Wright descobriu que muitas igrejas na Irlanda exibiam figuras com genitálias femininas muito pronunciadas, chamadas *Sheela-na-Gigs*, explicitamente um tipo de proteção para os fiéis, muitas vezes na pedra angular da entrada.

---

63. *Ibid.*, p. 55, citando Virgílio. *Geórgicas*, 4.221.
64. WRIGHT, Thomas. *The Worship of the Generative Powers During the Middle Ages of Western Europe*. Londres: 1866. Reimpressão, Nova York: Julian, 1957, p. 34-36.

E existiram outros exploradores desses temas no fim do século XVIII e século XIX. Entre eles estavam Jacques-Antoine Dulaure, cujo *Des divinités generatrices, ou, du culte du phallus*, foi publicado em 1805, e Staniland Wake, que publicou *Ancient Symbol Worship: Influence of the Phallic Idea in the Religions of Antiquity* em 1875, sem mencionar o inimitável *Ophiolatreia*, um livro de 1889 sobre a adoração de serpentes e companheiro do livro *Phallism*.[65]

O ponto aqui é que, embora os séculos XVIII e XIX sejam muitas vezes caracterizados como sendo algo pudicos, na verdade esse é o período em que uma grande variedade de autores e leitores começaram a descobrir que muitas tradições populares envolviam o *lingam* (falo) e a *yoni* (vulva) – tomando emprestados termos do tantra hindu –, e que eles também eram encontrados na Europa Ocidental desde a Antiguidade, passando pela era medieval e até o começo da era moderna. Podemos então nos referir a tantrismo ocidental, como alguns autores fazem? Essa ideia já existia na mente de Richard Payne Knight nos anos 1780, pois naquele tempo ele podia se referir às imagens do *lingam* e da *yoni* da Índia, ao *Bhagavad Gita* e à ideia de que o que vemos em todas essas muitas tradições ocidentais de simbolismo sexual explícito, na verdade, é bastante análogo ao que vemos em tradições asiáticas e, particularmente, em tradições religiosas e culturais tântricas. A ideia de que existia um conjunto protoindo-europeu de atitudes relativas à sexualidade sagrada, que autores do século XX como Alain Daniélou explorariam ainda mais, já estava se formando.

E quanto a essa ideia de tantra ocidental? Existem traços de algo semelhante a isso? Encontramos alguns indícios tantalizantes em outro tipo de imagem – aquelas associadas à alquimia.

---

65. DULAURE, Jacques-Antoine. *Des divinités generatrices, ou, du culte du phallus*. Paris: Lisieux, 1805. Foi traduzido como *The Gods of Generation* (Nova York: Panurge, 1934); WESTROPP, Hodder; WAKE, Staniland. *Ancient Symbol Worship: Influence of the Phallic Idea in the Religions of Antiquity*. Nova York: Bouton, 1875. Publicado anonimamente, mas atribuído por alguns a JENNINGS, Hargrave. *Ophiolatreia* (p.n.: 1889).

## *Alquimia e sexualidade*

O que é alquimia? A pergunta ainda persiste, apesar de todos os recursos e interpretações que emergiram no período moderno. Podemos encontrar facilmente imagens de alquimistas trabalhando com fornalhas, ervas, produtos químicos e metais. Mas qual era o objetivo? O objetivo da alquimia era criar ouro? O objetivo era a Pedra Filosofal, maior longevidade, ou uma panaceia? Apesar de todos os textos e imagens alquímicos que se tornaram disponíveis nos séculos XX e XXI, e apesar de todos os alquimistas práticos e escolas de alquimia que surgiram durante esse mesmo período, além dos estudos em diversas línguas europeias, o fato é que a alquimia mantém suas qualidades enigmáticas, misteriosas e multivalentes. Às vezes parece que os textos e imagens alquímicos são como uma tela em que diversos intérpretes projetam seus pontos de vista. E os escritos e imagens alquímicos são tão ricos que, com certeza, podem suportar um grande número de interpretações. Aqui, voltaremos nossa atenção para apenas um tema, que é a prevalência de imagens sexuais em algumas obras alquímicas.

É difícil duvidar que essas imagens sexuais tenham um papel importante em uma série de imagens alquímicas, como veremos quando examinarmos algumas dessas obras e imagens. Porém, essas imagens sugerem algum processo químico, a ser realizado com um aparato químico e uma fornalha? Ou é possível que, como as próprias imagens sugerem, as imagens e escritos alquímicos possam ser multivalentes, proporcionando múltiplos níveis de significado ao mesmo tempo? Essa é a linha de pesquisa proposta por Karen-Claire Voss, que, após longos estudos, interpretou a alquimia do fim da Idade Média e começo da era moderna como refletindo um processo de "união multinivelada dos dois", de cuja união emerge "o Filho da Obra", um terceiro, que também "simboliza o segundo nascimento em um sentido teosófico [ou gnóstico]".[66] Ela continua: "A natureza da conjunção me parece sugerir que a tradição dos alquimistas e a *soror mystica* não era apenas um símbolo sem

---

66. VOSS, Karen-Claire. *Spiritual Alchemy in* BROEK, R. Van den; HANEGRAAFF, W. (Eds.). *Gnosis and Hermeticis*. Albany: Suny Press, 1998, p. 160-1.

realidade correspondente no tempo e espaço, mas sim uma forma de tantra ocidental".[67] Por que ela faria essa afirmação? Vamos examinar uma coleção famosa de imagens alquímicas chamada *Rosarium Philosophorum* (produzida em Frankfurt em 1550. Veja as figuras 4.6 a 4.11).

A primeira placa no *Rosarium* a mostrar figuras humanas revela um pombo descendente abaixo de uma estrela, com um ramo de flores, com duas figuras régias dos dois lados, um rei e uma rainha, de pé no sol e na lua, respectivamente. Eles também seguram ramos, e cada um ascende do coração de uma figura para a cabeça da outra. Podemos notar que o ramo do pombo termina no nível dos corações das figuras humanas. Os ramos sugerem um movimento de circulação de energia, assim como as mãos unidas das figuras. A mesma imagem reaparece na quarta placa, em que as duas figuras estão nuas em uma banheira, dessa vez segurando as flores com as mãos opostas, novamente mostrando uma circulação de energia. A quinta placa mostra as duas figuras entrelaçadas em união sexual, agora na terra, com a notação "*conjunctio sive coitus*" (conjunção ou coito).

A sexta, sétima e oitava placas mostram o casal unido em um único corpo, mas com duas cabeças, enquanto acima se vê uma alma (*animae*) ascendendo e descendendo. A décima placa mostra uma figura andrógina alada de pé, segurando um cálice com serpentes, e a décima primeira placa mostra o casal alado abraçado novamente em coito, dessa vez com a mão da figura alada masculina no seio da mulher, e a mão da figura alada feminina no falo do homem. As figuras então passam novamente por uma série similar de transmutações, tornando-se um único corpo, mas agora vemos uma *anima* feminina subindo para as nuvens e descendo. A última imagem humana mostra uma figura andrógina de duas cabeças coroada de pé sobre uma serpente enrolada na terra, um cálice com três serpentes na mão direita estendida e uma única serpente na mão esquerda estendida, enquanto próximos estão uma árvore de sóis, um leão e um pelicano ferindo o próprio peito para alimentar seus filhotes. Na placa final, vemos o cristo ressuscitado, que lembra

---
67. *Ibid.*, p.174.

muito um eremita barbado, e que está gesticulando para sua tumba vazia.

*Figura 4.6. Casal nu em uma banheira segurando ramos.*

*Figura 4.7. Casal em união sexual.*

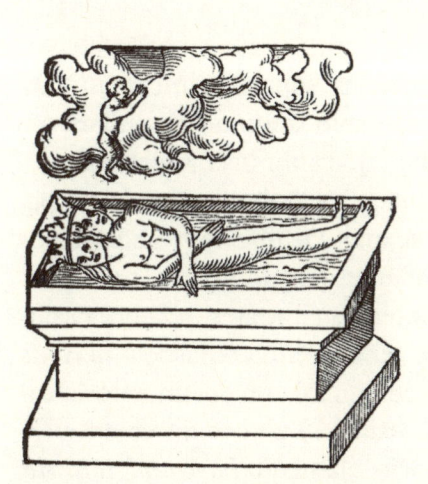

*Figura 4.8. Casal de duas cabeças com um único corpo e alma.*

*Figura 4.9. Andrógina alada.*

*Figura 4.10. Casal alado em coito.*

*Figura 4.11. Figura coroada com duas cabeças sobre uma serpente.*

Até mesmo examinar essas imagens superficialmente – com suas dimensões francamente sexuais, e com seu progresso claro em direção à união entre homem e mulher, que culmina na ressurreição, transfiguração e iluminação representadas pela figura de Cristo – parece revelar estágios de misticismo sexual. De que mais poderíamos chamar isso? E existem alguns precedentes para tanto. Podemos pensar em outras obras alquímicas com temas similares, e sobre casais alquímicos, exemplares do que pode ser encontrado desde o período medieval até o presente. No fim do século XX, um documentário canadense apresentou um velho alquimista que vivia com uma jovem de vinte e poucos anos. O documentário, chamado *Love and Achemy*, os mostrava em atividades como coletar orvalho nos campos antes do amanhecer, e sugeria que o relacionamento deles era complexo e que, como a jovem descreveu, eles às vezes eram como irmãos, às vezes amigos, e às vezes marido e mulher.

Porém, tais descrições ou representações dificilmente podem transmitir as dimensões interiores que vemos nessas imagens alquímicas: os estágios de ascensão mútua progressiva, união espiritual e transfiguração. É por isso que obras alquímicas dependem em grande medida da alusão e simbolismo, não tanto porque sejam um código secreto que pode ser decifrado, mas porque o que está sendo transmitido é, em si mesmo, polivalente e empírico, não objetivo nem subjetivo, e simultaneamente interior e exterior. Isso é o que vemos retratado nessas imagens misteriosas e sutis, e aqueles que eu conheço que se tornaram familiarizados ou íntimos de seus significados dizem que o que elas retratam deve ser entendido a partir do interior. Afinal, é realmente tão surpreendente que os alquimistas, cujos esforços são devotados ao entendimento e percepção dos princípios da vida, tenham incorporado e se inspirado na sexualidade?

## *Misticismo teosófico cristão*

Poucos colocariam a alquimia no centro da tradição cristã, enquanto o misticismo – na ampla tradição teosófica vinda desde Dionísio, o Areopagita, e Clemente de Alexandria até a teosofia de João Erígena, Mestre Eckhart, Johannes Tauler e Jakob Böhme – é, possivelmente, o centro da experiência do Cristianismo. A verdade é que, historicamente, a vitalidade da tradição cristã veio precisamente dessa tradição experiencial, manifestada em movimentos populares diversos, como as seitas gnósticas primitivas, as beguinas medievais e os pietistas no começo da era moderna. *Heresia* é, afinal, apenas um rótulo usado por um grupo para denegrir outro, e pode ou não ser válido em relação às maiores possibilidades da tradição.

Pode ter chegado o momento em que o Cristianismo esteja aberto às possibilidades de práticas espirituais que antes eram suprimidas. Decerto, como o crepúsculo do Cristianismo tem sido marcado pelo aumento do fundamentalismo e pelo que deve ser descrito como fanatismo, aqueles que querem investigar tais práticas empiricamente talvez devam fazê-lo sem permitir que seus esforços se tornem públicos – mas afinal, o que estamos discutindo tem sido sempre um caminho secreto. Nesse caso, tais esforços devem ser fundamentados em um amplo entendimento do que já foi alcançado.

Aqui, vamos simplesmente examinar aspectos pouco conhecidos da tradição cristã moderna (do século XVII até o presente), começando com Jakob Böhme (1575-1624). As obras de Böhme, que infundem toda a tradição teosófica, implicam uma compreensão profunda dos princípios ocultos no interior do microcosmo e macrocosmo humano. A teosofia böhmiana é baseada no reconhecimento de que o mundo físico, que tomamos como garantido, como tendo uma realidade substancial em si, é, de fato, uma manifestação transitória de princípios e forças ocultas, e, em última instância, uma manifestação da Origem inexprimível.

Embora não seja possível descrever aqui a teosofia böhmiana em sua totalidade – um tópico para o qual já foram dedicados volumes, com sucesso variável –, podemos ao menos apontar as ideias principais da obra de Böhme que são indispensáveis para os desenvolvimentos futuros dessa tradição. Entre elas, é essencial o reconhecimento de que há dois princípios infundindo a vida humana: amor e ira. A ira é certamente o princípio discordante, desagregador e destrutivo, cujas encarnações mais virulentas são Satã e seus demônios, mas a ira se mantém nesse mundo por meio dos seres humanos, que representam o campo de batalha entre o reino de escuridão e ira abaixo, e o reino da luz e amor acima.

Dada essa situação em que todos nos encontramos, nosso propósito é transmutar essa energia da ira em amor. Tal transmutação é alcançada pela prece, que não é uma simples petição, mas uma comunicação entre o divino e o humano, a manifestação do divino no mundo humano. Como no tantrismo budista, essa transmutação é alcançada pelo contato direto com todo o estresse da vida humana e não pela renúncia absoluta, apesar de o ascetismo poder ser parte da prática do indivíduo em alguns momentos. O próprio Böhme era casado, trabalhou como sapateiro e comerciante, e levou uma vida bastante ativa e turbulenta, durante a qual também conseguiu escrever seus tratados extraordinariamente visionários, cuja significância completa certamente ainda será totalmente explorada.

Essa ideia – a necessidade de transmutar ira em amor – pode parecer simples, mas ilumina o mistério central do Cristianismo, que é a imagem do divino sendo humilhado, ridicularizado e crucificado por seres humanos furiosos neste mundo, e então morrendo e sendo transfigurado: o amor vence a ira. Isso ajuda a explicar o enigma histórico mais intrigante de por que a história do Cristianismo é tão comumente reduzida à crucificação, cristãos perseguindo outros cristãos e se voltando contra aqueles que melhor incorporam a própria tradição intelectual, como João Erígena, Mestre Eckhart e Jakob Böhme.

A obra de Böhme, com seus muitos termos latinos de significado específico derivados em parte da alquimia e em parte da Cabala judaica, exige muito estudo para revelar seus significados, mas o que é absolutamente central a toda a sua obra é sua advertência de que devemos nos voltar conscientemente para o divino, e que suas obras não devem ser lidas por aqueles que se aproximam delas com a atitude errada, pois então a ira se agitará dentro deles. E isso se mostrou verdadeiro ao longo da história, pois, desde os tempos do próprio Böhme até os dias atuais, seu trabalho se distinguiu pelos elogios exuberantes e difamação virulenta que recebeu. Essencialmente, podemos dizer que a disciplina teosófica de Böhme começa com um despertar, com a mente se voltando conscientemente para o divino e que, de acordo com sua perspectiva, sem essa transformação interior a religião do indivíduo permanece apenas uma "Babel de pedra", um conformismo exterior ligado muito frequentemente a um julgamentalismo hipócrita.

Assim, a teosofia böhmiana insiste na primazia da experiência espiritual direta e da transmutação, e constrói as bases que, por sua vez, tornam possível o trabalho de Johann Georg Gichtel (1638-1710), conhecido como o eremita de Amsterdã. Gichtel, de caráter irascível, se refugiou na Holanda após ter sido banido de sua Alemanha natal por insistir em um Cristianismo experimental e visionário. Ele passou a maior parte da vida como o que pode ser mais bem descrito como recluso ativo. A obra principal de Gichtel consiste de uma correspondência volumosa, na qual ele oferecia conselhos espirituais a seguidores, publicada em uma série de múltiplos volumes como *Theosophia Practica* (1722), e ele também publicou a primeira coleção das obras de Böhme, *Theosophia Revelata* (1682/1730).

A relação entre os dois títulos não é acidental: Gichtel acreditava que Böhme havia recebido a revelação da teosofia, e em sua coleção de cartas ele teria desenvolvido os aspectos práticos da disciplina espiritual. Enquanto Böhme estava dedicado a elaborar, com uma prosa labiríntica, sua própria cosmologia visionária e como o indivíduo adquire conhecimento espiritual e regeneração, todo o trabalho de Gichtel estava concentrado completamente na luta prática para transmutar ira em amor. Ele mesmo predisposto a ser ocasionalmente tomado pela ira, Gichtel se correspondia com diversas pessoas, e apesar de suas cartas muitas vezes serem repetitivas em virtude da sobreposição, estavam repletas de eventos fascinantes das próprias experiências de Gichtel, que incluíam numerosos episódios de clarividência e outros fenômenos paranormais.

Vemos nos escritos de Gichtel e de alguns outros teósofos alguns aspectos do que pode ser chamado de tantrismo cristão. Os conceitos de *bodhicitta* – que significa a aspiração de libertar todos os seres vivos do sofrimento – e *bodhisattva*, que se refere a um ser que tenha gerado *bodhicitta*, são centrais ao budismo *mahayana*. *Bodhisattvas* tomam o sofrimento de outros para si mesmos e dão felicidade aos outros. Eles se esforçam incessantemente para transformar o sofrimento dos outros em felicidade, principalmente por meios espirituais, por meio da intenção. É interessante que essa descrição se assemelhe muito à descrição do próprio Gichtel sobre o que ele frequentemente fez por outras pessoas, vivas e mortas.

Apesar de ter sido atacado como misógino, porque insistiu no celibato e recusou numerosas ofertas de matrimônio, em suas cartas Gichtel demonstrou em várias ocasiões sua vontade de tomar para si as dificuldades de outros. Por exemplo, Gichtel conheceu uma jovem mulher obcecada por joias e coisas finas. Ele rezou para que pudesse tomar esse fardo para si, e consequentemente ficou dolorosamente perturbado por essa fantasia, que o cercou da atração por joias. Mas ele rezou incessantemente e a fantasia lentamente o deixou – enquanto a jovem mulher foi totalmente libertada dela. Gichtel tomou para si por meio de preces as fantasias astrais da mulher, e então a libertou por prática espiritual.[68]

---

68. GICHTEL, Johann Georg. *Theosophia Practica.* V. 2, p. 7. Leiden: 1722. 900-901.

Em outra ocasião, uma mulher foi perturbada por dez anos pelo fantasma do marido, que a seguia, inclusive pedindo por suas preces. Ela perguntou a muitas pessoas sobre isso, e todos a quem ela perguntou disseram que a alma era na verdade o Diabo – "mas a mulher conhecia seu marido e não pôde se livrar do sonho (aparição) até que Gichtel abriu para ela o solo da sua alma, onde ela alcançou a paz".[69] Aqui novamente – como em outro caso, em que tomou sobre si a raiva virulenta de um homem que conhecia – Gichtel agiu para libertar alguém de apegos mentais.

E talvez no exemplo mais impressionante, um antigo amigo e benfeitor de Gichtel havia "cortejado Sofia" (praticado a disciplina teosófica) muito ardentemente, e então, desapontado, cometeu suicídio com cinco ferimentos autoinfligidos. No além, sua alma estava experimentando grande sofrimento, que Gichtel foi capaz de perceber por clarividência. Gichtel a princípio pensou que seu amigo estava condenado ao inferno, mas descobriu que, após anos de preces, seu antigo benfeitor de fato passou ao descanso eterno pelo poder de Cristo.[70] Essencialmente, Gichtel acreditava que tinha sido capaz de interceder espiritualmente por seu falecido amigo e conduzi-lo ao descanso espiritual.

Somos livres para acreditar ou não nesses episódios das cartas de Gichtel, mas não podemos duvidar que tais incidentes sugerem uma visão de mundo bastante distante do Cristianismo convencional e muito próxima, de fato, do Budismo, não menos importante, porque a ênfase primária aqui é nas intenções do indivíduo, que, por sua vez, tem seus efeitos invisíveis para outros. Enquanto o Cristianismo convencional é focado primariamente na adesão dogmática e no comportamento moral, Gichtel está muito mais preocupado com o que o interior do indivíduo realmente é e em como a prece ou meditação do ser humano podem trazer a paz para ele e até para outras pessoas.

Gichtel talvez seja mais conhecido por suas ilustrações, com alguns paralelos aparentes com os chacras, ou centros de energia,

---

69. *Ibid.*, v. 7, p. 215-216.
70. *Ibid.*, v. 1, p. 33-36.

no corpo.⁷¹ As ilustrações de Gichtel são essenciais para seu texto, e mostram o progresso espiritual de um indivíduo a partir de seu estado bestial, no qual ele é governado por desejo e aversão (simbolizados pelo cão correndo) e pelos poderes planetários como fluxos emocionais degenerados que incluem raiva, inveja e orgulho. A configuração planetária não é acidental, representando uma série de ligações emparelhadas – topo da cabeça e genitais (Saturno e Lua), testa e abdômen (Júpiter e Mercúrio), tórax superior e plexo solar (Marte e Vênus) e a espiral completa centralizada no coração (Sol).

Mas devemos notar que a mais conhecida dessas ilustrações, que em alguns aspectos lembra imagens dos chacras clássicos, é a do homem degenerado, enquanto toda a série de ilustrações culmina em uma imagem em que a região genital (a ira ou mundo escuro) é separada do abdômen (Jeová), do coração (Jesus), da garganta (Sofia, o espelho da sabedoria) e da testa (o Espírito Santo). Em outras palavras, para Gichtel a regeneração representa a purificação e iluminação dos centros superiores, simbolizada pelos raios de luz emitidos particularmente do coração (e não da garganta, dado que Sofia é inerentemente um espelho divino). Embora os centros internos ocultos descritos e discutidos no trabalho de Gichtel não sejam exatamente idênticos aos chacras, eles representam um dos poucos lugares em que tal processo de despertar dos centros internos do corpo é retratado na literatura esotérica ocidental.

Embora não tenhamos espaço aqui para um exame completo da disciplina espiritual e cosmológica de Gichtel, é possível ao menos esboçar o curso de despertar espiritual que ele descreve.⁷² É comum se dizer na literatura tântrica que, como o tantra representa um caminho rápido em direção à iluminação, ele também é perigoso, e Gichtel começa com exatamente esse aviso, nos advertindo para

---

71. Algumas das ilustrações de Gichtel podem ser encontradas *on-line* em www.esoteric.msu.edu. As ilustrações são de GICHTEL, Johann George. *Eine kurze Eröffnung und Anweiung der dryen Principien und Welten in Menschen* [Uma Breve Abertura e Demonstração dos Três Princípios e Mundos no Homem]. Berlim/Leipzig: Christian Ulrich Ringmacher, 1779. Esse livro muitas vezes é confundido com a coleção em sete volumes das cartas de Gichtel intituladas *Theosophia Practica* porque uma edição alemã de *Eine kurze Eröffnung* foi publicada certa vez sob esse título.
72. Para uma discussão sobre teosofia cristã, consulte VERSLUIS, Arthur. *Wisdom's Children: A Christian* Esoteric Tradition. Albany: Suny Press, 1999.

evitar "influências venenosas e malévolas das constelações terrenas e infernais, manter a pequena língua exatamente em equilíbrio, ou prestar atenção ao desejo, luxúria e imaginação em seu coração, para que o bem não seja superado e sua queda e destruição não sejam ainda maiores".[73]

Gichtel revela então que as pessoas normalmente vivem em um estado de constante desejo e ansiedade, e que até mesmo buscar por paz não faz bem a não ser que seja alcançada a origem de todas as coisas. Essa passagem é na verdade bastante paralela às doutrinas budistas sobre a natureza do sofrimento do *samsara*, que tem como base o desejo e a aversão.

Gichtel adverte contra as atrações oferecidas pelo que ele chama de *spiritus mundi*, ou espírito deste mundo, e incita seus correspondentes e leitores a se voltarem, em vez disso, para um casamento espiritual com Sofia, ou a sabedoria divina personificada como mulher. Ele era celibatário e encorajava os outros a também levarem uma vida casta, enquanto, ao mesmo tempo, enfatizava a importância central do casamento interior com Sofia. Das centenas de páginas de suas cartas reunidas, muitas focam nesses temas, em especial ao desencorajar a luxúria carnal e em direcionar os leitores à realização de um novo corpo espiritual e alegria eterna. Todos esses temas são, é claro, específicos dessa tradição esotérica cristã, mas também carregam algumas similaridades com as tradições tântricas hindus e budistas.[74]

E existem mais paralelos entre as tradições teosóficas e tântricas, em particular se expandirmos nosso alcance além do ascético rigoroso Gichtel para outros teósofos. Durante o período em que Gichtel morou em Amsterdã – na terceira parte do século XVII –, ele teve colegas na Inglaterra que estavam trabalhando de modo semelhante no que pode ser chamado de eremitério leigo em Londres ou

---

73. GICHTEL, Johann George. *Eine kurze Eröffnung und Anweiung der dryen Principien und Welten in Menschen* [Uma Breve Abertura e Demonstração dos Três Princípios e Mundos no Homem]. Berlim/Leipzig: Christian Ulrich Ringmacher, 1779. Prefácio, v. 1, p. 3.
74. Consulte a *Theosophia Practica* de Johann Georg Gichtel, por exemplo, v. 4, p. 2705, na qual ele escreve que uma mulher acaba tomando o lugar que deveria estar reservado para Cristo e causa perturbações na alma a menos que se seja muito cauteloso. No volume 7, p. 462, ele escreve que a razão não pode compreender essas experiências de "doçura" divina e adentrar no "mundo paradisíaco dos anjos".

nas proximidades da cidade. Entre esses teósofos britânicos estava o dr. John Pordage (1608-81), para quem as experiências visionárias começaram em paralelo com as de sua esposa, com quem ele casou exatamente por causa de sua sensibilidade psíquica. Logo, dado esse trabalho paralelo, talvez não seja tão surpreendente descobrir que virtualmente todos os teósofos posteriores que sugerem a alquimia sexual citem o trabalho de Pordage.

## *Alquimia interior de John Pordage*

Devemos nos lembrar, a essa altura, que, mesmo na Ásia, o tantra é expresso através de uma "linguagem nebulosa" com várias facetas, cujo intrincado simbolismo sempre oferece uma variedade de significados, e que, portanto, não é de surpreender que para algo até mesmo remotamente parecido com o tantrismo existir na Europa, ele também seria provavelmente expresso muito raramente na forma escrita. Se estivesse na forma escrita, é mais provável que fosse expresso apenas por simbolismo alusivo e elusivo, particularmente dada a indignação feroz e mesmo mortífera que provocaria entre os moralistas dogmáticos.

Assim, não nos surpreendemos em saber que quando John Pordage escreve, em *Philosophic Epistle on the True Stone of Wisdom*, sobre alquimia espiritual, ele o faz usando a linguagem da alquimia tradicional ao se referir ao corpo humano. Pordage começa elaborando sobre os "equipamentos" ou meios necessários para a alquimia, especialmente que:

> o forno interno, que os *philosophi* guardam como mistério secreto elevado, era seu *Balneum Mariae,* um frasco vítreo, no qual sua matéria se torna uma substância e essência mais preciosas e que valem mais que todo o mundo. Isso é trancado e selado com o *Sigillo Hermetis* a sete chaves, para que nada do poder da matéria evapore, nem nenhuma matéria estranha o penetre. Esse forno sagrado, esse *Balneum Mariae,* esse frasco cristalino, esse forno secreto é o lugar, a matriz ou mãe grávida e o *Centrum*, no qual a Tintura Sagrada brota, ferve e tem sua origem.[75]

---

75. Consulte VERSLUIS, Arthur (ed.), *Wisdom's Book: The Sophia Anthology*. St. Paul: Paragon House, 2000, p. 68.

Onde essa tintura se acumula?

O lugar ou a condição em que a tintura tem sua morada eu não acredito ser necessário nomear diretamente, mas o exorto a apenas bater no chão. Salomão nos diz em seu Cântico que sua morada interior não é longe do umbigo, e que é como um copo redondo cheio de licor de pura Tintura Sagrada.[76]

"Não é longe do umbigo"... "como um copo redondo" – com certeza essas frases se referem ao abdômen, ou o que em japonês é chamado de *hara*, o espaço abaixo do umbigo, que é o "assento da meditação". O "forno" próximo ao umbigo é aquecido por um fogo ímpar, que inicia "o fogo dos filósofos":

> O fogo dos filósofos você deve conhecer; essa é a chave que permanece secreta: portanto você deve acreditar e saber que a compreensão desse fogo é a chave para os mistérios, que destranca todas as coisas e que torna o próprio trabalho possível; para que do artista não seja exigido nada além de diligência e vigilância. O fogo é a vida-fogo-amor que flui da sagrada Vênus ou amor de Deus; o fogo marcial é muito afiado e muito feroz, então secaria e queimaria a matéria. Então, aqui apenas o fogo-amor de Veneris tem as qualidades do fogo correto e verdadeiro.[77]

Sem dúvida, Pordage está delineando aqui uma alquimia espiritual, a disciplina da transmutação interna.

Guiando-nos em meio à variedade de transmutações que podemos esperar – incluindo a escuridão "ansiosa e infernal" do *putrefactio*, em que pensamos que tudo está perdido, e os vários outros estágios da transfiguração –, Pordage nos traz, por fim, à culminação, na passagem lírica:

> E assim você vê onde a verdadeira *philosophia* é transmitida: em um corpo sagrado no qual você encontra a vida da Divindade em natureza pura, onde você conhece Deus na Natureza. Agora o paraíso na Natureza é encontrado novamente, os seis dias de trabalho

---

76. *Ibid.*
77. *Ibid.*

> na alma atingiram seu fim e agora se foram na paz da completa consumação. Então, porque a Fixação nasceu, nasceu também uma vida consumada sem nenhuma sombra de mudança. É um dia interminável sem noite, um prazer inesgotável sem tristeza e vida eterna sem morte: porque aqui agora está o homem paradisíaco, claro como o brilho radiante do Sol sagrado, como ouro que é todo brilhante, puro e limpo, e também sem nenhum defeito ou mancha. A alma é agora um anjo serafim perene e pode transformar-se em um médico, teólogo, astrólogo, em um mago santo. Pode também produzir o que tiver vontade; pode fazer e ter o que quiser, porque todas as virtudes têm apenas uma vontade em unidade e harmonia. E essa mesma vontade é a vontade eterna e inequívoca de Deus: e agora o homem santificado em sua própria natureza tornou-se unificado com Deus.[78]

Nessa citação, que representa o resumo do trabalho alquímico, podemos ver por que Pordage foi atacado por cristãos dogmáticos convencionais e, ao mesmo tempo, não podemos deixar de reconhecer aqui a voz de alguém seguro do que experimentou por si mesmo. A esse parágrafo final, ele acrescentou apenas a ressalva de que aqueles que não sabem a que ele se refere podem ao menos se abster de julgá-lo.

Dada a autoridade e franqueza evidentes desse tratado único, não é de surpreender que Pordage tenha continuado sendo um marco para mais disciplinas espirituais heterodoxas que estão implícitas em sua obra. Seus livros, disponíveis, pelo que sei, apenas nas traduções alemãs que consultei, carregam com eles muito do que, por sua vez, influenciou muitos teósofos posteriores. Há, na verdade, trechos nos escritos volumosos e praticamente enciclopédicos de Pordage que sugerem alquimia sexual, como em seu *Fourth Tractate on the Union of Natures, Essences, and Tinctures* ele comenta sobre Gênesis, 2:28, que faz referência a "uma carne":

> Aqui então uma ligação e união se manifestou, que é uma união em naturezas, uma união em sementes, uma união em tinturas, uma união em carne, uma união nos corpos, uma união nas pessoas e uma união no espírito.

---

78. *Ibid.*, p. 75-6.

Mas, pode-se perguntar, de onde então se originam essas uniões?

Ao que respondo que elas se manifestam pelo anseio sincero e a motivação poderosa que uma tintura tem por outra, que jazem enterradas nas sementes da natureza temporal e exterior. Pois na tintura do homem jovem e também na da mulher jovem existe um magnetismo forte ou um poder motivador, e um busca pelo outro, para que, talvez, eles possam transformar-se em uma carne, uma natureza e, de fato, em certa medida, até mesmo em uma pessoa.

Essa tintura é denominada externa, porque pertence apenas ao homem exterior.

Da união das tinturas agora se origina essa união dos corpos e a união das pessoas. E de dois, eles se tornam uma carne. Aqui se observa ainda como dessa união de tinturas (de Marte e Vênus respectivamente) se origina a união de sementes e naturezas: porque é impossível unir tinturas sem união de sementes e naturezas.

As tinturas feminina e masculina, então, buscam misturar-se e fundir-se e atingir o paraíso da alma pela união física, mas isso é apenas um "paraíso fútil", pois a chama que queima rapidamente de repente apaga-se novamente, acabando assim que começa, pois pertence apenas ao "espírito do mundo".[79]

Como podemos entender tais referências? Embora algumas formas de disciplina tântrica impliquem um homem e uma mulher operando juntos, essa certamente não é uma questão de ceder a um contato sexual descontrolado.[80] No tantra budista, encontramos uma insistência contínua de que se deve conservar e transmutar o *bodhicitta*, palavra que significa "compaixão universal" e que às vezes também se refere ao fluido sexual. O mesmo está implícito em Pordage, cuja atitude em relação à sexualidade é bastante profunda: ele reconhece que na chama do desejo e na labareda do orgasmo há um

---

[79]. Consulte PORDAGE, John Vier. *Tractätlein*. Amsterdam: R. e G. Wetstein, 1704. v. 4, p. 4-7.
[80]. DOWMAN, Keith. *Sky Dancer, The Secret Life and Songs of the Lady Yeshe Tsogyel*. Londres: Routledge, 1984. 248ff.

vislumbre do êxtase paradisíaco, mas é uma felicidade condicional, ou *samsárica*, "governada pelo espírito deste mundo", que se abandona, porque a meta é um prazer maior e mais duradouro, o "prazer interminável" da iluminação alquímica.

Naturalmente, é muito difícil saber com exatidão em quais disciplinas ou práticas Pordage e seu grupo teosófico engajavam-se; por terem sido publicamente difamados no início dos anos 1650, Pordage, sua mulher e alguns outros teósofos – incluindo Thomas Bromley, autor do extraordinário *The Way to the Sabbath of Rest* – retiram-se para uma espécie de monasticismo leigo e retiro espiritual quase perpétuo. Sabemos pelo testemunho de Jane Leade, que praticou com Pordage por anos, que ele passava muito tempo em meditação ou no que eles chamavam de estados de transe, e pode-se entender a partir de seus volumosos trabalhos (a maioria escrita durante a década de 1670) que ele estava escrevendo sobre reinos não físicos que ele mesmo vivenciou, abrangendo de infernos a paraísos. Tudo isso é aproximadamente comparável aos retiros leigos e mestres leigos do tantrismo budista, que considera a experiência espiritual como sendo muito mais importante que o aprendizado por livros, e para a qual não são estranhos os fenômenos paranormais como a felicidade clarividentemente compartilhada que Bromley detalha.[81]

Contudo, concedidos esses paralelos entre o Budismo e algumas dimensões do tantrismo hindu e a teosofia böhmiana, podemos ir além e demonstrar pelo menos a possível existência de uma tradição alquímica sexual secreta na teosofia? Decerto todos os elementos estão aqui *in potentia* –, porém nos faltam evidências das práticas reais, como é de se esperar, dada sua natureza altamente controversa e esotérica. Embora nos faltem evidências diretas de que Pordage e outros em seu grupo estavam engajados em tais práticas, não podemos negar que sua obra reflete uma compreensão de como o ser humano inteiro, incluindo as forças de *eros*, sexualidade e desejo, pode ser levado para o caminho espiritual e transfigurado, não por rejeição neurótica da sexualidade, mas pela transmutação de seu poder.

---

81. VERSLUIS, *Theosophia: Hidden Dimensions of Christianity*. Apêndice, p. 194-208, no qual muitos dos textos de Bromley são reimpressos.

Quanto a evidências da alquimia sexual na teosofia de Böhme, devemos nos voltar para a Alemanha, seguindo o movimento de sua tradição. Isso porque o trabalho de Pordage foi quase todo publicado em alemão e não em inglês, pelo fato de os manuscritos originais em inglês terem sido perdidos, não é de surpreender que seus escritos tenham tido impacto maior na Europa do que em sua Inglaterra natal. Porém, avaliar sua natureza precisa e o alcance de seu impacto não é fácil, particularmente quando se tenta espiar através do obscurecimento dos comentários desaprovadores. Entretanto, houve ao menos um grupo teosófico que fez uso do trabalho de Pordage para alquimia sexual: o círculo em torno da infame Eva von Buttlar (1670-1717).

## O Círculo Buttlar

Conhecido pejorativamente na Alemanha como *Buttlar'sche Rotte* – a gangue Buttlar –, esse grupo escandalizou a cristandade convencional da época, pois seus membros não apenas promoviam, mas também praticavam rituais sexualmente carregados, e basearam suas práticas diretamente nos trabalhos de Böhme e Pordage. Embora seja verdade que teósofos como Gichtel foram rápidos em condenar o grupo Buttlar e citá-los como um exemplo de como é possível seguir um caminho errado na teosofia, como vimos, o próprio trabalho de Gichtel carrega similaridades com o tantrismo. Mais ainda, o próprio tantrismo tende ao ascetismo, embora muitas vezes seja incompreendido como licenciosidade.

Mas o que o círculo de Buttlar realmente praticava? O que ofendeu tanto as autoridades eclesiásticas e seculares locais para que alguns membros do círculo quase tenham recebido pena de morte? É difícil penetrar através da hipérbole e o que parecem ser expressões comuns de choque e horror repetidas em toda a documentação sobre o caso, como quando uma autoridade descreve Buttlar como *ein weibliches Scheusal* (um monstro feminino). Ainda assim, podemos ver os contornos gerais do que esse grupo incomum acreditava e praticava se simplesmente ignorarmos o comentário crítico e nos concentrarmos nas evidências. Certamente parece que o círculo Buttlar praticava alquimia sexual.

Nós já discutimos um pouco sobre as bases doutrinárias dessa alquimia sexual, pois foi a partir de Böhme e Pordage que Eva von Buttlar e seu grupo derivaram sua metafísica. Provavelmente é mais justo dizer que nesse círculo o simbolismo teosófico foi internalizado e ritualizado, de modo que o que em Böhme permanece em grande parte um simbolismo elusivo (como a doutrina da androgenia primordial) aqui se torna o fundamento de uma doutrina complexa de regeneração espiritual que incorpora a união sexual como uma forma externa de reconciliação interior. Não é suficiente, diz esse grupo, manter a teosofia intelectualmente; são necessários o ritual teosófico e a prática para incorporar esse simbolismo.

Assim, no círculo Buttlar os membros principais assumem papéis espiritualmente simbólicos: Gottfried Winter era o "novo Adão", e Eva von Buttlar a "nova Eva", que iriam, por sua união espiritual, reverter a queda e a expulsão do Éden. Ou seja, Winter era Deus Pai, Johann Geor Appenfelder o Filho, e Buttlar o Espírito Santo e a Divina Sofia. Pode-se compreender o choque que tais atribuições geraram entre cristãos devotos convencionais, mas quando consideramos que no Budismo é comum o indivíduo se visualizar na forma divina e perfeita como um *buda* ou *bodhisattva*, tais revelações podem ser vistas sob uma luz diferente. Decerto é verdade que o Cristianismo tendeu a manter uma grande distância entre o divino e o humano, e pode-se entender que o círculo de Buttlar estaria tentando encurtar essa distância.

O círculo de Buttlar, centralizado nesses três indivíduos, alcançou dúzias de membros, que eles viam como *Kinder der Verheissung* (filhos da promessa) a quem eles, no sentido espiritual, geravam, davam à luz e abençoavam, e não como alunos ou discípulos acumulados em torno de professores espirituais encontrados por toda a parte. Ele não é muito diferente nesse aspecto de como o dr. Pordage e sua mulher se tornaram o centro de um círculo teosófico na Inglaterra algumas décadas antes. Winter era chamado de Pai pelos membros da sociedade, assim como Buttlar era chamada de Mãe, e a maior parte do círculo era formada por pessoas entre 20 e 30 anos, morando juntos em uma única habitação.[82]

---

82. NIEDNER, C. W. (Ed.). *Zeitschrift für die historische Theologie*. Lepizig: Weigel, 1845. 15.95.

Não há nada particularmente surpreendente nisso tudo – exceto que de repente os relatos históricos passam a ser escritos em latim, pois devem se referir apenas de forma camuflada às crenças desse grupo, para que o perigo não se espalhasse. Por isso temos:

> *Copula carnalis, vaga inter illos, non est peccatum, sed sacramentum magnum... Sacrum Scripturam ita interpretantu, ut omnia carnali sensu accipiant. Christus omnia peccata commisit etiam carnis, sed contra voluntatem propriam, volente sic patre aeterno, ut nos a peccatis liberat, et haec peccata proprie fuerunt crux Christi. Baptismum, ritu christiano susceptum, reliquaque sacramenta dicunt esse signa, quae perficiantur in carnali commixtione.*
> (A cópula carnal, promíscua entre eles, não é um pecado, mas sim um grande sacramento. Eles tornam a mulher incapaz de conceber e nutrir o fruto destruindo o ovário. Eles interpretam a Escritura Sagrada tomando tudo em um sentido carnal. Cristo cometeu cada pecado, incluindo o da carne, mas contra sua própria vontade, pela vontade do Pai eterno, para nos salvar dos pecados; e esse pecado era a verdadeira cruz de Cristo. Dizem que o batismo, adaptado do rito cristão, e os outros sacramentos são o sinal de que eles tornaram-se perfeitos no intercurso carnal).[83]

Em outras palavras, nesse círculo as práticas sexuais não eram vistas como pecaminosas, mas sim eram santificadas, e na verdade tornaram-se o *sacramentum magnum*. Eva von Buttlar era conhecida como o "lago de Bethesda", em quem se podia banhar-se e refrescar-se. O simbolismo do leito matrimonial e a união da divina Noiva (Sofia) e do Noivo (Cristo), que o autor teosófico Gottfried Arnold elaborou de maneira casta, tomou forma física nesse círculo. Membros do círculo trocavam *Liebesküssen* (beijos de amor) e viveriam, como uma carta datada de 1702 afirma, "em liberdade paradisíaca. O homem suga do seio da grande senhora e chama isso de a pérola que não deve ser lançada diante dos cachorros [...]. Isso não é prostituição, mas sim tudo acontece no Espírito do Amor".[84]

Há outro aspecto peculiar a esse círculo que não podemos ignorar: aparentemente eles praticavam um ritual chamado de circuncisão

---

83. *Ibid.*, 15.94. Agradeço a Joscelyn Godwin por sua tradução do texto em latim.
84. *Ibid.*, 15.83.

(*Beschneidung*), que implicava inserir a mão dentro de uma mulher, justificado pelo Cântico de Salomão, 5:4: "Meu amado colocou sua mão pelo buraco da fechadura e minha parte mais interna estremeceu".[85] E, de fato, lido com uma reação sexual em mente, o verso subsequente (5:5) também ressoa: "Eu me ergui para me abrir para meu amado, e minhas mãos pingavam com mirra, e meus dedos com doce cheiro de mirra, sobre o puxador da fechadura". Não se pode negar a carga sexual inerente no Cântico de Salomão, a origem judaico-cristã do duplo sentido sexual-religioso. Mas o que esse grupo praticava exatamente? Seja lá que fosse, pretendia-se reduzir a *Fruchtbarkeit* (fecundidade). É claro, o *coitus reservus* também atingiria esse fim.

Menos difíceis de avaliar são os rituais que esse círculo teosófico celebrava. Enquanto o Protestantismo é geralmente conhecido por seu anticerimonialismo e pela rejeição da iconografia associada ao Catolicismo romano, esse círculo representa um afastamento marcante dessa tendência anticerimonialista. Na verdade, apesar de em 1705 os líderes do círculo terem sido presos por blasfêmia e outros crimes, isso apenas intensificou sua devoção, e quando eles se converteram ao Catolicismo romano, serem afiliados à Igreja era apenas uma forma externa, enquanto a comunidade espiritual interior era o que realmente importava. E, durante esse tempo, eles continuaram a realizar rituais extravagantes que incluíam usar óleos consagrados e incenso, e a vestir roupas rituais que incluíam um capuz de bispo para Winter e vestimenta vermelha para Buttlar como Sofia.[86]

Por exemplo, em 2 de janeiro de 1706, o círculo supostamente celebrou um ritual fechado, no qual todos os membros estavam presentes, usando suas roupas mais bonitas, em uma magnífica sala decorada coberta com ricos tapetes. A cerimônia começou com Winter dizendo: "Sou um servidor de Deus Altíssimo, convocado e qualificado, não por homens, mas pela eterna Sabedoria. [...] Ajoelhem-se então e façam seus corações humildes." Em seguida, ele

---

85. BEYREUTHER, Gottfried. *Sexualtheorien im Pietismus*. Munique: Univ. München, 1963, p. 71.
86. NIEDNER. *Zeitschrift für die historische Theologie*, p. 107.

queimou incenso e untou as testas dos novos membros ajoelhados com óleo de lavanda e disse, com a mão direita levantada:

> Amém, Amém, você é meu amado Filho, com quem estou satisfeito. [...] Coloco meus escolhidos em meu sagrado Monte Sião. [...] Seu coração deve de agora em diante ser forte, daqui não mais pode ser movido ou mudado! Encha-se com todo o poder do Alto! [...] Quem se humilha diante de você, ele terá a vida eterna; quem se opõe a você, será humilhado. Seu coração está sendo movido contra todas as almas sufocadas, sem medo diante de todos os inimigos, você tudo conquistará e será vitorioso. Amém. Amém.[87]

Os novos membros então afirmaram seu comprometimento com o verdadeiro Deus, com Jesus Cristo, "que me ajuda com sua mais gloriosa e digna Mãe e Esposa. Amém".[88] A cerimônia era selada colocando um anel de ouro no dedo de cada neófito.

É verdade indiscutível que há elementos não convencionais nessas cerimônias, mas mesmo assim elas estavam dentro da tradição cristã mais ampla, e elas são distinguidas principalmente por sua riqueza litúrgica, um elemento pouco familiar na teosofia böhmiana, em geral mais espartana, mas também testemunho da variedade de possibilidades nessa tradição e da natureza paradoxalmente conservadora desse grupo supostamente radical. Aqui, como nas iniciações tântricas, vemos muito o uso de apoio ritual ou simbólico, e aqui, também, vemos a invocação direta do poder divino dirigido à cerimônia para se manifestar nos líderes e membros presentes. É evidente que a prática espiritual nesse círculo significava, a julgar por esses ritos, que não bastava só acreditar no poder divino – ele deveria ser invocado, incorporado e percebido. Não admira que eles tenham sido presos e seus líderes torturados.

Em 22 de fevereiro de 1706, o governador capturou e aprisionou os membros principais, e foi ordenado que Winter e Ichtershause fossem torturados com parafusamento de mãos e pernas, estiramento e açoitamento. Foi anotado expressamente nos registros da tortura que Winter não respondeu às perguntas e não demonstrou

---

87. *Ibid.*, p. 110.
88. *Ibid.*, p. 111.

sensação e que não sangrou sob o açoitamento. Por fim, afirmou o padre jesuíta Herde, Winter apresentou uma série de explicações para suas cerimônias no começo daquele ano, dizendo que elas deveriam ser explicadas por referência ao Apocalipse de João e ao espírito se derramar sobre a terra nos dias finais e durante o milênio. Em certos aspectos, então, seu círculo talvez se assemelhasse ao movimento medieval Irmãos do Livre Espírito e com outros grupos milenaristas que consideravam, juntamente com as linhas de Joaquim de Fiore, que a "terceira era" é a era do Espírito Santo e da liberdade verdadeira.[89]

O que aconteceu com o grupo? Os membros foram banidos, e a História diz muito pouco sobre o paradeiro subsequente de Winter, Buttlar e outros. Diz-se que Winter morreu em 1711 e que Buttlar, que sofreu muito com as provações do opróbrio e do abuso, foi viver pelo restante da vida com Appenfelder, que era conhecido no círculo como Leander, e que veio a praticar medicina sob o pseudônimo de dr. Brachfeld.[90] O relato é triste, pois não importa se o círculo representava uma seita decadente e iludida, se as acusações contra eles foram em parte ou totalmente inventadas, ou se esse era de fato um grupo que desenvolvia e praticava uma forma de misticismo sexual, o fato é que não eram eles que operavam a câmara de tortura, e não há dúvida sobre qual é o mal maior.

## *Um judeu do século XVIII – ligação cristã*

Devemos notar aqui uma importante ligação judaico-cristã que tem sua origem na cabala europeia do século XVIII, e que é particularmente visível na pessoa e na obra de Jacob Frank (1726-1791) e seus seguidores. Enquanto muito foi publicado sobre *eros* e Cabala, em especial por Moshe Idel e Elliot Wolfson, algumas áreas de investigação acadêmica permanecem em grande parte intocadas e até ocultas. Uma coisa é considerar o simbolismo erótico na história da

---

89. A primeira era é a do Pai (Judaísmo), a segunda é a do Filho (Cristianismo histórico), e a terceira é a do Espírito Santo (o milênio), de acordo com interpretações joaquimistas e similares.
90. NIEDNER. *Zeitschrift für die historische Theologie*, p. 121.

Cabala, mas é outra bem diferente considerar aqueles grupos nos quais as práticas sexuais eram e ainda são considerados escandalosas. Com certeza, Jacob Frank e seus seguidores estão nessa segunda categoria, e somos compelidos a discutir sobre eles aqui, pelo menos brevemente.

Gershom Scholem discutiu a história de Frank e seu grupo em muitas de suas obras, e pode-se encontrar um bom panorama histórico em seu livro *Kabbalah*. A seita de Frank, conhecida como os franquistas, emergiu como o último estágio do movimento sabatiano na esteira do controverso profeta Sabbatai Zevi (1626-1676). Zevi, que se valeu da complexa tradição mística da Cabala Luriânica, converteu-se exteriormente ao Islã enquanto continuava com as tradições judaicas em segredo. Afirmou-se, com algumas evidências, que ele também se engajava em comportamentos sexuais libertinos, e que ambas eram práticas por meio das quais o cabalista pode transmutar ou iluminar aquilo que pode parecer ter decaído.[91]

Em sua *magnum opus* sobre essa figura enigmática, Scholem escreve que se descobriu que Sabbatai "tinha relações com mulheres", particularmente tendo participado de "orgias" e "indecência".[92] Com sutileza, Scholem acrescenta: "essas acusações, surpreendentes e estranhas como possam parecer, não podem ser descartadas levianamente". Ele cita diversos relatos contemporâneos sobre Sabbatai se hospedar com três virgens em Esmirna por vários dias sem tocá-las, ou tirar uma garota prometida de seu noivo por vários dias, parece que, de novo, sem tocá-la.[93] Dizia-se que ele praticava uma combinação de rituais "semieróticos" e "semiascéticos" com conotação sexual implícita.[94]

Jacob Frank seguiu o caminho dos sabatinos em muitos aspectos, incluindo apostasia (abandonar sua fé religiosa). Em seu caso, ele e depois seus seguidores se converteram ao Cristianismo e foram batizados, mas continuaram em segredo suas práticas cabalísticas

---
91. Consulte *Sabbatai Sevi*, além da *magnum opus* de Gershom Scholem sob esse nome, o livro *Kabbalah* (Jerusalem: Keter, 1974), p. 267-8.
92. SCHOLEM, Gershom. *Sabbatai Sevi: The Mystical Messiah*. Princeton: Princeton University Press, 1973, p. 669.
93. *Ibid.*, p. 670.
94. *Ibid.*, p. 880.

e, supostamente, seu comportamento libertino interpretado misticamente. De acordo com Scholem, Frank declarou que "todas as religiões são estágios pelos quais todos os 'crentes' devem passar – como um homem vestindo peças de roupa diferentes – e então descartar como sem valor em comparação à verdadeira fé oculta".[95] Frank desenvolveu um misticismo da virgem (sabedoria) ligado ao *Shekhinah*, ou divina presença no(s) mundo(s) criado(s), um misticismo que ele denominou "o caminho para Esaú" ou "*Edom*". *Edom* "simboliza o fluxo descontrolado de vida que liberta o homem, porque sua força e seu poder não estão sujeitos a nenhuma lei".[96] Assim, começamos a vislumbrar a premissa metafísica que justifica práticas como a libertinagem, porque, de acordo com Frank, entrar no reino do divino poder é ir além de todas as leis ou meras crenças, é entrar na esfera da liberdade absoluta do poder da vida. Essa era a prática que foi envolta em silêncio e escondida de todas as pessoas de fora – puro esoterismo.

Alexander Kraushar, em seu extenso livro dedicado a Jacob Frank, continua a tradição de grande cautela em relação aos detalhes dos verdadeiros ensinamentos e práticas com aspectos sexuais de Frank. Kraushar nos dá uma ideia da pompa e deferência conferidas a Frank, que tinha assumido um papel messiânico e era tratado quase como um sultão com um harém. Durante o auge de sua carreira (se podemos chamar assim), Frank estava cercado por um círculo de mulheres lindas e bem vestidas que o serviam, e Kraushar também observa de forma codificada que "ritos orgiásticos" eram "praticados o tempo todo na presença de Frank".[97] Isso certamente soa obsceno, mas o relato do século XIX de Frank não deixa claro, exatamente, o que acontecia. Pelas alusões de Scholem, tem-se pelo menos uma ideia das justificativas metafísicas e práticas dos sabatinos e franquistas, mas Scholem também é econômico nos detalhes sobre sexualidade.[98]

---

95. SCHOLEM, *Kabbalah*, p. 293.
96. Consulte SCHOLEM, Gershom. *Der Nihilismus als Religiöses Phänomen, Eranos Jahrbuch 43* (1974), p. 44-5, no qual Scholem também se refere a uma "gnose edômica".
97. KRAUSHAR, Alexander; LEVY, H. (Trad.). *Jacob Frank: The End to the Sabbataian Heresy*. Lanham, MD: University Press of America, 2001, p. 321.
98. Consulte SCHOLEM, Gershom. *Der Nihilismus als Religiöses Phänomen, Eranos*

Ainda assim, podemos observar certos paralelos com o que vimos muito antes nas tradições gnósticas e em algumas tradições "heréticas" cristãs medievais. Consistentemente, encontramos ascetismo e erotismo juntos. De fato, os rituais e práticas atribuídos a Sabbatai Zevi, e, mais tarde, também a Frank, combinam com exatidão esses dois opostos aparentes. Porém, essa união de opostos era visível também no Cristianismo primitivo, no qual igualmente observamos o erotismo da contenção exemplificado pela tradição das *virgines subintroductae*. Quanto a isso, podemos argumentar que em vez de introduzir algo estranho ao Cristianismo com tais práticas sexuais, Zevi estava restaurando o que já existia nele desde muito cedo. Não sei se, ou em que medida, tais práticas sexuais foram influentes no Cristianismo europeu mais abrangente, ou foram transmitidas em segredo em alguns grupos esotéricos cristãos, mas essa seria uma área de pesquisa fascinante. Aqui, o ponto é apenas chamar a atenção para a importância das tradições judaicas de *eros* e do misticismo erótico como uma corrente importante de pelo menos algumas formas de misticismo sexual no Ocidente.[99]

## *Tradições inglesas secretas do misticismo sexual no século XIX*

O episódio Buttlar ou a libertinagem judaico-cristã franquista e sabatista foram apenas incidentes isolados? Talvez. Contudo, é bem possível que a teosofia cristã possa ter carregado em si alguma alquimia sexual de forma mais generalizada. Em um artigo intitulado "A Behemenist Circle in Victorian England", Joscelyn Godwin propõe exatamente essa hipótese para explicar vários comentários misteriosos de um círculo teosófico britânico do século XIX que

---
*Jahrbuch 43* (1974), p. 1-50. Consulte também *Redemption through Sin* in SCHOLEM. *The Messianic Idea in Judaism and Other Essays*. Nova York: Schocken, 1971.
99. Consulte SCHUCHARD, Marsha Keith. *Why Mrs Blake Cried, Esoterica 2 (*2000), p. 45-93, sobre possíveis conexões entre Emanuel Swedenborg e os praticantes da Cabala erótica, além de possíveis ligações com as obras e vida de William Blake.

incluía James Pierrepont Greaves, Thomas South, Mary Ann South, Christopher Walton, Edward Burton e Anne Judith Penny. Esses eram os nomes dos teósofos mais ativos da Inglaterra durante o século XIX, e suas obras compreendem outro filão não explorado nessa notável tradição, um em que se pode, de fato, incluir algum tipo de espiritualidade erótica.

Thomas South, por exemplo, escreveu para Christopher Walton, um intelectual böhmista responsável por um vasto e quase ilegível compêndio de materiais de referência, que "estamos, evidentemente, em esferas mentais diferentes[;] eu não posso evitar enxergar essa diferença como se você viajasse de trem e nossa escola passasse por você pelo telégrafo elétrico – o que isso significa só pode ser explicado pessoalmente".[100] O que isso significa, afinal? Lembra as referências ao caminho curto do tantra. Godwin continua, citando mais adiante South e introduzindo suas citações por escrito: "Posso apenas interpretar o que segue como uma sugestão na prática de alquimia sexual":

> Eu esperava encontrar em você um ardente entusiasta questionador no caminho em que o coloquei, mas não ousei me aventurar mais, a não ser por sua própria sugestão instintiva. Temo que os negócios interviram e o afastaram da busca. Tenha certeza de que essa é a única pista para percorrer o labirinto do mistério desta vida, o único caminho seguro para a regeneração. O pouco que você viu sobre magnetismo, os sujeitos despreparados, tanto os agentes quanto os pacientes, devem ter dado pouca luz a você. A sra. Walton provavelmente é de longe o melhor recipiente que você viu ou ouviu falar para iluminá-lo, e eu tinha esperança de ouvir falar de algum resultado sobre esse assunto, nunca vi ninguém parecer mais preparado para a experiência. Por favor, transmita as minhas, e de todos nós, mais gentis lembranças a ela. Lembre-se disso, o segredo é mais horrível, e para aqueles que já o tenham conhecido por quaisquer meios, intelectual e espiritualmente, a consciência tem ao mesmo tempo revelações hermeticamente seladas e discricionárias, o receptor de tal ciência sagrada deve primeiro estar profundamente movido por um desejo (esse anseio pela imortalidade) pela Reali-

---

100. Citado por GODWIN, Joscelyn; MCLEAN, Adam (Ed.). *A Behemenist Circle in Victorian England* in *The Hermetic Journal*. Edimburgo: Magnum Opus, 1992, p. 56.

zação, quando seu espírito é vivificado ansiando sinceramente pela chama, a luz seguramente virá de fora inflamar o fogo interior, e ele imediatamente verá, acreditará e conhecerá o caminho da regeneração, e que de fato não há outros[101] [...].

[...] Tenha certeza disso, Freher, assim como outros, tinha conhecimento de uma prática em comum com Böhme, que apenas os elevou quando não estavam regenerados, mas a caminho de estarem. Em uma geração há somente um, apenas um caminho, que ninguém nunca ousou revelar abertamente, nunca impresso, nunca por escrito e nunca em pessoa, mas após longa experiência de caráter, particularmente reticente – é verdade que isso nunca foi revelado a mim dessa maneira, eu não estou sob juramento a não ser aqueles cuja consciência selou meus lábios, porque a luz explodiu em mim como raramente explodiu em outros. Eu te digo como meu amigo sincero que essa sagrada luz certamente irradiou minha pessoa indigna após um longo curso de intenso sofrimento mundano mental e corporal, aquele raio que incendiou Böhme e Freher também caiu sobre a humilde cabeça que agora guia essa pena.[102]

Possivelmente o relato se refere ao que Böhme denominou o mistério do *ungrund*, ou seja, do não terreno transcendente e inexprimível, a experiência que é incomunicável – mas existem aspectos dessas citações que não podem ser ignorados em nosso contexto presente. Entre tais aspectos está a expectativa de que a sra. Walton fosse o "recipiente" essencial nessa misteriosa transmutação e a insistência de que o segredo não pode ser revelado abertamente – assim como sua certeza de que teósofos böhmistas ingleses anteriores "tinha[m] conhecimento de uma *prática* em comum com Böhme, *que apenas* os elevou quando não estavam regenerados, mas a caminho de estarem".

Quando se toma todos esses elementos em conjunto, fica difícil escapar da conclusão a que Joscelyn Godwin também chega: essas são referências a algum tipo de alquimia sexual teosófica. Não pode haver dúvida – dado o caso do círculo Buttlar e Winter na Alemanha – que a teosofia böhmiana (em particular aquela associada ao círculo inglês de John Pordage) oferece a realização do *eros* espiritual como

---

101. *Ibid.*, p. 57; carta de 4 de janeiro de 1853.
102. *Ibid.*; carta de 19 de setembro de 1853.

uma das possibilidades. É realmente uma questão de se tal disciplina era praticada por esse círculo inglês de meados do século XIX, e para isso provavelmente nunca será possível oferecer uma resposta definitiva, porque, como é evidente na citação acima, Thomas South e outros eram extremamente circunspectos no que eles escreveram, e ainda mais no que publicaram.

## *William Blake e amigos*

Existe outra linha de misticismo sexual que não podemos negligenciar: aquela do círculo em torno do poeta e ilustrador britânico William Blake (1757-1827). A complexa poesia mitológica de Blake e suas lindas gravuras são muito bem conhecidas, é claro, e ele certamente pertence ao cânone dos grandes artistas e escritores britânicos. Menos conhecido, entretanto, é o outro lado da obra de Blake. A poetisa e estudiosa Kathleen Raine mostrou a influência do neoplatonismo no trabalho de Blake, enquanto E. P. Thompson enfatizou seu lado antinomiano. Porém, foi apenas no começo do século XX que Marsha Keith Schuchard revelou o misticismo sexual de Blake e seu contexto histórico, origens e influência.

Que a poesia e ilustrações de Blake incluíam dimensões sexuais explícitas é visível quando folheamos um volume de suas gravuras e desenhos. Algumas dessas ilustrações mostram claramente excitação e união sexual. Mas toda a extensão e significado do misticismo sexual dos escritos de Blake e sua mitologia pessoal não foram conhecidos até a pesquisa de Schuchard ter sido publicada.[103] Na Moravian Church Library e em outros arquivos na Grã-Bretanha, Schuchard encontrou muitos documentos e ilustrações mostrando as complexas interconexões entre o misticismo sexual da Cabala judaica e formas heterodoxas de misticismo sexual cristão na Europa, na Grã-Bretanha e nos Estados Unidos. Em particular, ela investigou a arte e os escritos dos moravianos da segunda metade do século XVIII e mostrou como essa tradição religiosa judaico-cristã heterodoxa e artisticamente rica se entrelaçava com o misticismo sexual na

---

103. SCHUCHARD, Marsha Keith. *Why Mrs Blake Cried: William Blake and the Sexual Basis of Spiritual Vision*. Londres: Century, 2006, por exemplo, 125ff.

obra, pensamento e prática do conde Nicholas Ludwig von Zinzendorf (1700-1760) e depois com a obra e o pensamento de Emanuel Swedenborg (1688-1772), o famoso visionário e cientista sueco. O misticismo sexual antinomiano de Blake emergiu, argumenta Schuchard, de uma complexa união de muitas correntes preexistentes de misticismo sexual no Ocidente.

Schuchard vai ainda além, sugerindo que Blake pode ter ouvido também falar sobre o tantra hindu, e que esse conhecimento pode ter servido como confirmação do que ele já havia aprendido sobre as formas cristãs e judaicas heterodoxas de misticismo sexual. Com certeza, há evidências de que informações sobre o tantra chegaram à Grã-Bretanha nessa época, e, em particular, àqueles no círculo de amigos e colegas de Blake.[104] Porém, como vimos, o conhecimento de Blake sobre o misticismo sexual pode ter vindo, e sem dúvida veio, das correntes judaico-cristãs ocidentais, nas quais "por meio de devoção espiritual-sexual de um homem para com sua mulher, adorando em sua catedral vúlvica, o marido *e* esposa poderiam ser transformados na noiva de Jesus". De fato, Schuchard conclui, nessa tradição blakeana, "amor conjugal entre um marido e esposa terrenos – que engloba elementos tântricos, cabalísticos e swendenborguianos – é a verdadeira chave para visão espiritual".[105] Como o próprio Blake escreveu, "Abraços são amálgamas da cabeça até os pés, / E não um sumo sacerdote pomposo entrando por um lugar secreto".[106] E é importante notar aqui que o grande poeta William Butler Yeats, aproximadamente um século depois, redescobriu o misticismo sexual de Blake e incorporou elementos da tradição visionária sexual-espiritual de Blake em sua própria vida.[107]

Portanto, apesar de o termo "tantra ocidental" poder parecer, a princípio, inteiramente oximorônico, existiu na realidade pelo

---

104. SCHUCHARD, Marsha Keith. *William Blake George Cumberland, and the visionary Art of Exotic Erotica*, in VERSLUIS, Arthur *et al.* (Eds.). *Esotericism, Art, and the Imagination*. East Lansing, MI: MSU Press, 2008.
105. SCHUCHARD. *Why Mrs Blake Cried*, p. 334.
106. BLAKE, citado *in* SCHUCHARD, p. 334.
107. *Ibid.*, p. 337-341; consulte também MADDOX, Brenda. *George's Ghosts: A New Life of W. B. Yeats*. Londres: Picador, 1999, p. 265-267; e FOSTER, Roy. *W. B. Yeats: A Life*. Oxford: Oxford University Press, 2003, p. 496-500.

menos a possibilidade de que tal caminho tenha acontecido na história relativamente recente da Europa. Não importa o que mais eles revelem, Gichtel, Pordage, o círculo Winter-Buttlar, o círculo South e o círculo em torno de William Blake, sem mencionar W. B. Yeasts, demonstram que a metafísica e rituais altamente esotéricos e simbólicos não são, necessariamente, estranhos ao Cristianismo europeu moderno, e que uma gama de possibilidades dentro do Cristianismo primitivo, que inclui gnosticismos de vários tipos, também podem aparecer muito mais recentemente.

Então, vamos recapitular. Vimos na teosofia böhmiana e também nas obras de William Blake muitos elementos que poderiam ser descritos como similares ao tantra: a importância da motivação interior ou intenção, a necessidade de transmutar ira em amor, a disposição para tomar o sofrimento dos outros e dar-lhes felicidade, a possibilidade de alcançar um corpo iluminado, a possibilidade de que novas escrituras possam ser reveladas em visões, a posição dos chacras ou centros de energia no caminho da percepção interna, a significância das tinturas ou energias masculinas e femininas internas, a importância de realizar o nada divino ou *ungrund*, a existência de círculos leigos organizados em torno de indivíduos mais desenvolvidos espiritualmente, a necessidade de meditação profunda e a possibilidade de que as relações entre homem e mulher de um tipo secreto e muito especial possam desempenhar um papel no aprofundamento da descoberta espiritual.

Não se pode duvidar que tradições heterodoxas de misticismo sexual sempre existiram no Ocidente, e sua extensão e natureza exigem muito mais investigação. Embora as tradições religiosas puritanas sejam enfatizadas com frequência nos relatos históricos convencionais da história ocidental moderna e do começo da era moderna, claramente existe outro lado da história, um conjunto complexo de tradições interconectadas de misticismo heterodoxo com implicações culturais, políticas e sexuais importantes. Simplesmente não é suficiente dispensar essas correntes e tradições só porque elas não parecem se encaixar nesta ou naquela narrativa popular, seja ela fundamentalista ou racionalista. Dado o rico conjunto de formas religiosas, artísticas e visionárias de misticismo sexual heterodoxo que vemos recorrer ao longo da história ocidental, não é de surpreender que tais correntes tenham reaparecido na América do Norte – e falaremos agora sobre esse reaparecimento.

# 5

# MISTICISMO SEXUAL AMERICANO

A história dos Estados Unidos discute com frequência personagens que deixaram suas marcas na sociedade em geral, aqueles que fundaram comunidades, comandaram tropas, assumiram a presidência, tornaram-se barões de ferrovia, e assim por diante. Exploradores de fronteiras, colonizadores, aqueles que causaram efeitos no mundo em geral – esses são o foco das histórias convencionais. Muito menos conhecidos são aqueles personagens cujas explorações tomaram lugar não externa, mas internamente. Movimentos sociais como os do "amor livre" são bem conhecidos, mas muito menos conhecido é que os séculos XIX e XX também incluíram exploradores do que podemos chamar de uma corrente distinta de misticismo sexual americano.

Alguns poucos autores americanos do século XIX incluem em suas obras um misticismo sexual esotérico desenvolvido, mas todos esses personagens são bastante importantes historicamente. Claro, deve-se notar logo de início que não podemos nos referir à mágica sexual como exemplificada por um personagem como Paschal Beverly Randolph (1825-1875). Randolph ensinou práticas sexuais com objetivos mundanos ou práticos, como adquirir riquezas ou exercer poder sobre outros, o que pertence mais à categoria da mágica do que à do misticismo.[108] Em contraste, adeptos desses movimentos

---

108. Consulte DEVENEY, John Patrick. *Paschal Beverly Randolph: A Nineteenth-century Black American Spiritualist, Rosicrucian, and Sex Magician.* Albany: Suny Press, 1997.

esotéricos, e especialmente os seguidores de Thomas Lake Harris, viam a união heterossexual como parte de um misticismo cristão em que os adeptos buscavam a realização de uma unidade andrógina angélica e, em última análise, a união com Deus.

Entre as comunidades utópicas americanas mais conhecidas e bem-sucedidas está Oneida, cujo fundador e líder carismático foi John Humphrey Noyes (1811-1886). A comunidade e o próprio Noyes têm sido tema de muita atividade acadêmica. Existem livros sobre Noyes datando até de meados do século XIX, como *Noyesism Revealed* (1848) do reverendo Hubbard Eastman, e muitas dessas obras exibem aquela estranha combinação de lascívia e puritanismo que tem caracterizado a sociedade americana desde os tempos coloniais. O que gerou todo esse interesse em Noyes? A resposta não surpreende: suas práticas e doutrinas sexuais controversas. Noyes é mais conhecido por encorajar o casamento comunal (praticado em sua comunidade) e por endossar a prática do *coitus reservatus* (união sexual sem ejaculação masculina) em um contexto doutrinal cristão inovador.

Noyes se graduou em Dartmouth, e era membro de uma família abastada; de fato, era primo em primeiro grau do presidente Rutherford B. Hayes. Noyes foi convertido no grande renascimento de 1831, e estudou na Yale Divinity School. Noyes passou a defender uma visão chamada "perfeccionismo", a ideia de que os cristãos devem se mover no sentido de alcançar a salvação completa do pecado nesta vida. Claro, como vimos, essa abordagem ao Cristianismo tem uma longa história e foi muitas vezes perseguida na Europa. Podemos nos lembrar, por exemplo, dos hereges cátaros da França Provençal, cujo mais alto nível era o de *perfecti*. Noyes também almejava a vida perfeita na Terra e, como os cátaros e grupos similares, ele e sua comunidade não eram exatamente bem-vindos pela sociedade em geral.

---

Randolph escreve que "o verdadeiro poder sexual é o poder de Deus" e que "a lista de poderes alcançáveis pelo ser humano, aludidos aqui, contam centenas de energias distintas". Consulte RANDOLPH, Paschal Beverly. *The Anseiretic Mystery*. Reimpresso em DEVENEY, Paschal Beverly Randolph, p. 317, 319. Consulte também VERSLUIS, Arthur. *Magic and Mysticism*. Lanham, MD: Rowman Littlefield, 2007.

Noyes reuniu uma comunidade perfeccionista em Putney, Vermont, e começou a publicar suas visões, que escandalizaram seus vizinhos e, por fim, forçaram a fuga de sua comunidade para Oneida, Nova York, em 1848. Em Oneida, eles praticaram um interessante e relativamente bem organizado tipo de socialismo em que questões de procriação e relações sexuais, bem como a maioria das outras decisões, estavam sujeitas ao julgamento da comunidade. A comunidade de Noyes era controversa em suas práticas sexuais, mas seus membros conduziam com sucesso seus empreendimentos comerciais, que incluíam, além de produção de alimentos e extração madeireira, a produção de talheres de jantar. Quando a comunidade foi efetivamente dissolvida em 1881, ela formou a *Oneida Corporation*, que ainda hoje é responsável pela fabricação dos talheres Oneida.

Contudo, foram as práticas sexuais que distinguiram a comunidade de Noyes e são o que se mantém fascinante para muitos ainda hoje. Ele propôs tanto o "casamento complexo" quanto a contenção masculina, que é a relação sexual sem ejaculação masculina, pois Noyes insistia transformar a relação de um cio animalesco em um, pelo menos potencialmente, veículo de experiência espiritual. Ele disse à comunidade em uma carta de 1852 que eles deveriam "adiar totalmente o espírito do casamento", ou seja, a ideia de propriedade privada no amor, e que os amantes deveriam organizar um encontro por meio de um terceiro confiável, deveriam "ficar juntos por uma hora ou duas e deveriam se separar para dormir". Eles eram encorajados a copular, mas a "deixar a mesa enquanto o apetite ainda estava bom".[109]

Que essa visão tem paralelos com o tantra é mais ou menos amplamente conhecido, mas Noyes quase certamente não obteve essa abordagem da sexualidade nas tradições asiáticas. Hannah Whitall Smith, em *Religious Fanaticism* (1928), escreveu com razoável justiça sobre Noyes, notando que "os seguidores de Noyes [...] construíram um mundo para eles mesmos, em que leis especiais prevaleciam, e [...] adotaram um sistema peculiar de moralidade

---

109. Consulte NOYES, John Humphrey. *Practical Suggestions for Regulating Intercourse of the Sexes*, 22 de setembro de 1852, *in* NOYES, George Wallingford (ed.). *Free Love in Utopia: John Humphrey Noyes and the Origin of the Oneida Community*. Urbana: University of Illinois Press, 2001, p. 247.

sexual [...]. Eles não eram ascéticos nem licenciosos, mas, pelo contrário, estritamente práticos e severamente disciplinados".[110] O mesmo poderia muito bem ser dito sobre outro místico sexual da época: Thomas Lake Harris.

## *Thomas Lake Harris*

Nascido na Inglaterra, Harris migrou para a América em 1828. Em 1845, ele era um pastor universalista e em 1847 tinha aderido ao círculo em torno do espiritualista Andrew Jackson Davis. Contudo, pouco depois, Harris renunciou por causa do apoio de Davis ao "amor livre" e se juntou à Igreja Swedenborgiana de Nova Jerusalém. Harris tornou-se evangelista para o swedenborgianismo, mas então retornou à Inglaterra e anunciou seu próprio grupo esotérico, a Irmandade da Nova Vida, cujo propósito ele via como nada menos que a "reorganização do mundo industrial".[111] Harris estabeleceu seu grupo em Brocton, no norte no estado de Nova York, embora alguns de seus membros tenham se mudado para uma grande propriedade em Santa Rosa, Califórnia. Conhecido por suas visões vanguardistas sobre sexualidade, a Irmandade da Nova Vida inspirou-se fortemente nas tradições esotéricas ocidentais nos anos seguintes.

A obra de Harris pertence ao ambiente da Nova Inglaterra swedenborgiana de 1850, mas ele via a si mesmo como estando além do sistema swedenborgiano e como seu sucessor visionário.[112] Em *The Arcana of Christianity* (1858), e em *The Song of Satan* (1860), Harris diz que o próprio Swedenborg o abençoara em uma visão, e que já havia alcançado um nível revelatório superior ao de Swedenborg. Em sua visão, Cristo-Crista disse a Harris, "Abrirei teus olhos e instruirei teu coração daqui em diante no princípio celestial,

---

110. SMITH, Hannah Whitall. *Religious Fanaticism*. Londres: Faber, 192, p. 100, 106.
111. Consulte HARRIS, Thomas Lake. *The Millennial Age: Twelve Discourses on the Spiritual and Social Aspects of the Times*. Nova York: New Church, 1860 para ter uma ideia sobre o milenarismo de Harris.
112. SCHNEIDER, Herbert; LAWTON, George. *A Prophet and a Pilgrim: Being the Incredible History of Thomas Lake Harris and Laurence Oliphant; Their Sexual Mysticisms and Utopian Communities Amply Documented to Confound the Skeptic*. Nova York: Columbia University Press, 1942, p. 22.

que é o sentido mais íntimo".[113] Harris, ao se referir a "Cristo-Crista", estava afirmando a transcendência homem-mulher de Cristo e tirando partido da tradição da androginia que também vimos no imaginário alquímico, como o do *Rosarium Philosophorum*.

As características primárias da visão de mundo de Harris foram estabelecidas desde cedo e foram evidentes pelo restante de sua vida. Entre essas características estavam (1) uma luta contra as influências demoníacas e em reinos visionários, enquanto (2) sofria os tormentos físicos relacionados e (3) considerando a si mesmo como o "homem-chave" no mundo, a personagem singular que encarna a luta apocalíptica primordial entre o bem e o mal. Sua filosofia amadurecida também se centrava (4) na importância espiritual das contrapartes homem-mulher, uma teoria que deriva da ideia swedenborgiana de amor "conjugal". Muito do carisma de Harris deve ter vindo não apenas da ideia de que ele estava genuinamente em contato com realidades invisíveis, mas também da crença de que ele oferecia um caminho esotérico na direção do que ele denominava uma nova vida.

Existem algumas descrições contemporâneas interessantes de como o grupo de Harris provavelmente era por dentro. Um desses relatos é:

> Discursos são feitos por influxo. Para aqueles cujo interior é despertado, esse influxo é tanto visível quanto sensível. Quando a inteligência e a fé são tratadas, isso acontece pela têmpora esquerda. Quando é o amor ao Senhor e ao Seu Reino, através do topo da cabeça e estendendo-se para o coração e pulmões. Quando a Palavra é iluminada, o influxo é através da fronte. Aqueles que são egoístas logo serão impregnados por um influxo vindo dos infernos, passando pela parte de trás da cabeça e pescoço, abrindo a visão interior e penetrando toda a parte de trás. Esses logo negarão o Senhor, ou imaginarão que eles estavam preenchidos pelo Espírito Santo. [...] De minha parte, eu penso que apenas alguns poucos alcançarão a inspiração, enquanto a grande massa da humanidade que tem manifestações espirituais, as receberá de espíritos egoístas,

---

113. HARRIS, Thomas Lake. *The Arcana of Christianity: An Unfolding of the Celestial Sense of the Divine Word*, 2 vols. Nova York: Brotherhood of the New Life, 1867, v. 1, p. 44.

enchendo o mundo com uma literatura muito inferior à das escolas comuns da atualidade.[114]

É possível que Harris tenha sido influenciado pela tradição teosófica de Jakob Böhme, que também dava ênfase à transmutação espiritual interna direta nas linhas sugeridas aqui. De fato, na obra de Johann Gichtel há uma ilustração que mostra a fronte e o topo da cabeça como centros divinos, enquanto a parte de trás da cabeça, o pescoço e as costas são retratados como preenchidos com a fumaça infernal do egoísmo.[115] W. P. Swainson, um dos discípulos ingleses mais ardentes de Harris, insistiu nos paralelos entre os ensinamentos de Böhme e os de Harris.[116]

Porém, alguns propuseram outras influências mais exóticas sobre Harris. Em *Religious Fanaticism* (1928), Hannah Whitall Smith, que, ao que parece, dedicou a vida a reunir rumores sobre os visionários utópicos na América do século XIX, escreveu que Harris passou muitos anos "no Oriente, onde aprendeu um estranho vocabulário" e atraiu adeptos vindos de lugares tão distantes quanto o Japão.[117] Claro, Harris nunca esteve no Oriente, mas, de fato, ele teve alguns seguidores japoneses.[118] Seja lá o que "o Oriente" signifique aqui, o comentário de Smith sugere que Harris pode ter tido algum contato com o Budismo. À primeira vista, pode-se pensar que Harris fez alusão à meditação budista em, por exemplo, *The Millennial Age*, no qual fala sobre um de seus temas preferidos, a "respiração interna". "A redenção do corpo", ele diz à sua audiência, começa "com a res-

---

114. HARRIS. *New Jerusalem Messenger*, agora o *New Church Messenger*, v. 2, p. 108; v. 1, p. 349-50.
115. Consulte VERLUIS, Arthur (Ed.). *Awakening to Divine Wisdom*. St. Paul: New Grail, 2004, p. 141-4.
116. SWAINSON, W. P. *Thomas Lake Harris and His Occult Teachings*. Londres: Rider, 1922, 64ff. Sobre os filadelfianos, consulte VERSLUIS, Arthur. *Wisdom's Children: A Christian Esoteric Tradition*. Albany: Suny Press, 1999. Para trechos de textos experimentais escritos pelos filadelfianos, consulte VERSLUIS, Arthur (Ed.). *Wisdom's Book: The Sophia Anthology*. St. Paul: Paragon House, 2000. Uma extensa comparação entre os escritos de Harris e seus seguidores e os escritos filadelfianos, incluindo as obras de John Pordage, seria muito interessante, mas está além do escopo deste livro.
117. SMITH, Hannah Whitall; STRACHEY, Ray (Ed.). *Religious Fanaticism: Extracts from the Papers of Hannah Whitall Smith*. Londres: Faber, 1928, p. 121.
118. SCHNEIDER e LAWTON. *A Prophet and a Pilgrim*, p. 154, 199-200.

piração interna".[119] Contudo, Harris está fazendo alusão a um tipo particular de respiração que deriva de Swedenborg e é concebida como um resultado da graça divina, não tanto uma prática ou disciplina consciente. Parece claro, dada sua rejeição ao Budismo durante toda a vida, que o esoterismo de Harris foi completamente europeu em origem, emergindo quase totalmente do swedenborgianismo e da teosofia cristã böehmiana.[120]

Claramente, há origens esotéricas ocidentais no ensinamento de Harris sobre "contrapartes". A teologia por atrás da doutrina – incluindo uma divindade homem-mulher, um culto à mãe e a crença em um corpo espiritual masculino-feminino transcendente duradouro – é encontrada na obra de Böhme e também na teoria do amor "conjugal" de Swedenborg.[121] A doutrina de contrapartes é esta: que cada indivíduo, masculino ou feminino, tem uma contraparte do gênero oposto. De acordo com Harris, é raro que as duas contrapartes estejam encarnadas ao mesmo tempo e se casem: em geral, sua contraparte é um ser espiritual.[122] Pode-se conhecer sua contraparte em um processo revelatório interior, e, ao contrário das acusações feitas particularmente contra a comunidade *Fountain Grove* de Harris, o dele era um arranjo quase ascético em que os sexos eram em grande parte separados. Nos relatos pessoais de alguns membros, havia dimensões sexuais nas experiências com a contraparte, mas essas

---

119. HARRIS, Thomas Lake. *The Millennial Age: Twelve Discourses on the Spiritual and Social Aspects of the Times*. Nova York: New Church, 1860, p. 142.
120. Consulte, por exemplo, HARRIS, *The Arcana of Christianity, and Thomas Lake Harris, The Breath of God with Man*. Nova York: Brotherhood of the New Life, 1867.
121. *Thomas Lake Harris*, de SWAINSON, enfatiza os paralelos com a obra de Böhme, especialmente em 64ff.
122. Consulte HARRIS, Thomas Lake. *The Children of Hymen*. In: *The Herald of Light: A Monthly Journal of the Lord's New Church*. Nova York: New Church, 1859, v. 2, p. 307. Harris escreve:
Se o mal moral nunca tivesse prevalecido sobre sua orbe, cada um teria encontrado seu próprio parceiro e as núpcias celestes teriam sido a culminação da união natural.
A Divina Providência, agora e há eras, tem permitido que a união natural ocorra entre espíritos que não estão sempre destinados à união conjugal eterna no Paraíso. Pois a oposição entre as vidas celeste e terrena é tão grande que existiram aqueles que estavam assim destinados a serem unidos nas núpcias celestes unidos externamente, a luta entre o exterior e o interior seria [...] assustadora.
Ao mesmo tempo, "o casamento, pela conjunção de espíritos em quem a regeneração está completa, é o retorno do par à unidade primordial".

experiências eram a união com seres não físicos. Contudo, também é evidente que os ensinamentos de Harris incluíam um processo transformativo conjunto de homem-mulher.[123]

Uma das discussões mais abrangentes de Harris sobre um processo de transformação conjunta entre marido e esposa é encontrado em seu *Arcana of Christia*nity (1867).[124] Harris escreve que "através do corpo da Palavra feminina, Deus revela a Si mesmo à mulher", mas a mulher "precisa, portanto, do hierofante, que se torna masculino-feminino, suprindo de sua mente masculina os corpos para os espíritos das ideias despidas de sua aparência final, e deixados como corpos femininos para os olhos da mulher".[125] Ele insiste na centralidade da polaridade masculino-feminino no despertar espiritual, afirmando que "através do Mundo da Mulher, no organismo da esposa, seu senso virginal é primeiro desdobrado no organismo masculino".[126] De modo análogo, o marido também pode despertar e transfigurar a esposa.[127] Esse "caminho rápido" (se podemos colocar dessa forma) pode condensar dez anos de trabalho interno em um e pode levar o marido e a esposa a uma "coroação com a coroa da vida".[128] Como o teósofo John Pordage antes dele, Harris escreveu sobre o processo interior de "nova criação" interior, embora ao contrário de Pordage, a nova criação de Harris ocorra por meio de um processo de transformação interior conjunta do homem-mulher, auxiliado por "*fays*" ou espíritos interiores.[129]

Como Böhme muitos séculos antes, Harris se opôs ao swedenborgianismo sectário, semelhante ao que Böhme denunciou como mera "Babel", que é o Cristianismo sectário baseado na afirmação externa de dogmas em vez do despertar interior. Na visão de

---

123. Que existia uma dimensão sexual nessas práticas foi a acusação de certa srta. Chevallier no começo do século XX, que causou tamanho furor que, por fim, Harris se sentiu obrigado a deixar a propriedade perto de Santa Rosa e viajar para o leste. Essa também foi a acusação contra Laurence Oliphant, o mais famoso e notável seguidor de Harris. Consulte SMITH, *Religious Fanaticism*, p. 219-228, e também SCHNEIDER e LAWTON, *A Prophet and a Pilgrim*, p. 534-560.
124. HARRIS. *Arcana of Christianity*.
125. *Ibid.*, v. 1, p. 250.
126. *Ibid.*, v. 1, p. 349.
127. *Ibid.*, v. 1, p. 332.
128. *Ibid.*, v. 1, p. 349.
129. *Ibid.*, v. 1, p. 333.

Harris, a "seita dos swedenborgianos é construída em torno de um núcleo de memoriais escritos. É puramente histórica. Talvez isso seja necessário para compor o complemento das seitas, mas sem valor no sentido da intuição divina".[130] Não é surpresa, e de acordo com seus muitos predecessores, Harris era impaciente com aqueles que aderiram às doutrinas sectárias, mas não estavam dispostos a começar eles mesmos um processo de transformação. Ele via esse processo de transfiguração interna masculino-feminino como a disciplina interior central do Cristianismo.

Somos afortunados por ter a narrativa pessoal de uma mulher membro da Irmandade da Nova Vida de Harris em Salem-on-Erie, Nova York. Ela descreve em detalhes como é a "respiração interna" e o despertar interior. Essa jovem entrou em uma noite escura da alma em que o "todo o seu estado (era) de uma agitação e dor indescritível. Então veio a abertura da Respiração na noite e todo o sofrimento cessou". "Começa na parte baixa do abdômen e daí sobe e preenche os pulmões [...] indo até a garganta e abaixo dos joelhos". Esse, somos informados, era o primeiro grau e, nos "graus mais profundos", a respiração "é sentida da sola dos pés até a coroa da cabeça", e é "cheia de conforto para o espírito e o corpo".[131] Depois disso, ela se enchia de grande amor e ternura ao ler a Bíblia ou contemplar a vida de Cristo.

Os discípulos referiam-se a Harris com frequência como o Primata, algumas vezes com o nome de Fiel e, algumas vezes, até como Primata Fundamental Dois-em-Um, e seus discípulos consideravam-no de modo semelhante ao que se diz que os discípulos *sufi* consideravam seus *xeiques* (iniciador/professor espiritual). Harris via a si mesmo como "o pivô". Em um relato após o outro de seus contemporâneos, e do próprio Harris, ele luta com demônios, exorcizando-os e curando os possuídos e aflitos. Há paralelos com Gichtel e (em menor grau) Pordage, assim como, mais recentemente, com a ordem mágica de Dion Fortune ou os escritos de Kyriacos Markides sobre o Mago de Strovolos. Em muitos desses casos, encontramos

---
130. *Ibid.*, v. 2, p. 437.
131. SCHNEIDER e LAWTON, *A Prophet and a Pilgrim*, p. 173.

em comum a ideia de um grupo de magos que intercedem espiritualmente para combater o que Harris chama de forças "inversivas".

Devemos lembrar que Harris foi o centro de uma comunidade esotérica em Nova York e, mais tarde, na Califórnia. E sabemos como poderia ser se juntar ao seu grupo a partir de uma narrativa chamada "A Sister in the New Life", escrita por uma jovem anônima que entrou para a comunidade de Harris em 1881. A narrativa, em forma de cartas, não apresenta o nome da autora, mas existem diversas versões com títulos como "From a Lady in San Francisco to a Friend in England". Ela diz que, após se juntar à comunidade, experimentou sensações e fenômenos interiores incomuns, primeiro sentindo uma sensação vibrante estranha nos braços, que aos poucos penetrou por todo o seu corpo. Existe uma dimensão sexual clara nessa experiência: "A primeira vez que entrou no meu corpo, ou seja, no tronco, pareceu entrar pelos órgãos genitais, e com isso veio o pensamento *isso é como uma relação sexual*, mas infinitamente mais, de modo que cada átomo da sua forma entra em união com outro átomo da extremidade mais distante do seu corpo".

Ela sentiu "infinita calma e paz, nada turbulento ou apaixonado, e meu único desejo era rezar constantemente em agradecimento". No dia seguinte (17 de maio de 1881), ela sentiu "pequenas asas" se movendo em seu peito, juntamente com grande exaustão e sensação de prazer.[132]

Em 23 de maio, ela sentiu sua contraparte dentro de si, a quem ela chamou de marido interior ou anjo, e percebeu com "reverência" que "o templo da Mãe está dentro de mim mesma", e que "o ventre e os órgãos que dão vida devem ser muito sagrados".[133] Tanto a autora quanto sua irmã sentiram uma mudança associada na respiração e, de vez em quando, quando as vibrações começavam, elas apertavam uma à outra para sentir o que estava acontecendo. Assustada, ela escreve que, quando segurava a irmã, ela podia "sentir alguma coisa quase como eletricidade".[134] Mais tarde ela escreve (5 de junho de 1881) sobre como era "muito estranha" a sensação de sua contra-

---

132. *Ibid.*, p. 511.
133. *Ibid.*, p. 514.
134. *Ibid.*, p. 515.

parte, que começava com "uma estranha sensação em meus braços", "gradualmente expandindo-se por toda parte".[135] Era "delicioso", contudo ela ficou "tão completamente exausta e desgastada que às vezes [sentia] como se não pudesse suportar. Eu não costumava ter sensação consciente sobre meu corpo, e agora isso mudou completamente. A respiração, a circulação, o aceleramento, as vibrações, os giros, e mal sei o que mais, não me deixam livre da consciência do meu corpo o tempo todo". Não é necessário dizer, toda essa atividade causou-lhe insônia, mas se a exaustão era um preço, o que ela ganhou foi a sensação de "êxtase" e de dissolver-se em um outro invisível.[136] Ela sentia um movimento em suas "entranhas" ou útero, e por vezes, sua coluna vertebral parecia desaparecer.[137] Cerca de seis meses mais tarde, no começo de dezembro, ela escreveu sobre "correntes de vida fluindo em mim continuamente[.] O Pai (Harris) diz que elas vêm dele".

Como sugerido pelas vibrações interiores e pelas referências que ela faz a elas, os ensinamentos de Harris incluíam fadas. Entretanto, Harris e sua comunidade se referiam não a fadas, mas a *fays*, e elas tinham um papel importante em "A Sister in the New Life". Harris podia falar com a voz e o idioma das *fays*, "falando por mais de uma hora", e "respondendo a todo tipo de pergunta nos tons balbuciantes mais adoráveis, quase apenas com sons de vogais".[138] A narrativa está repleta de referências a vozinhas e a lindas pessoinhas, que cantam pequenos refrãos dentro dela como "Isso é amor e amor é benção; vida é amor e amor é um beijo".[139] Em 9 de junho de 1881, em Fountain Grove, em Santa Rosa, ela escreve sobre como as *fays* "se constroem" dentro de alguém:

> Eles me falaram sobre as *fays* enquanto eu estava em Fountain Grove. Como no começo uma pequena "Dois-em-um" se mudava para o peito de uma pessoa assim que conseguisse encontrar a entrada e, depois de abrir um espaço, começaria a construir sua casa. Logo ela teria um jardim e plantaria árvores

---

135. *Ibid.*, p. 523.
136. *Ibid.*, p. 524.
137. *Ibid.*, p. 531.
138. *Ibid.*, p. 531.
139. *Ibid.*, p. 521.

frutíferas; e então pequenos bebês *fay* nasceriam. As *fays* têm muitos bebês, e assim elas estão sempre ampliando os espaços e enchendo-os de belas casas, jardins e bosques, até que todo ser, até as extremidades dos dedos das mãos e dos pés, tudo seja um universo de *fays*, um mundo de amor. Pense como é ter pequenas e adoráveis *fays* banhando-se nas veias.[140]

Aqui, as *fays* são experimentadas como um fenômeno: elas são acompanhadas de sensações específicas ("vibrações") e por canções interiores.

Porém, nem todos se encantavam com tais experiências, como podemos ver na novela em dois volumes *Masollam* (1886), de Laurence Oliphant. Oliphant foi um rico nobre inglês e membro do parlamento, mas tornou-se discípulo de Harris em 1867, e o dinheiro de Oliphant comprou pelo menos metade das propriedades da comunidade de Brocton. Mais tarde, Oliphant e sua mulher deixaram a comunidade de Harris em uma briga pública e horrível, com muitas recriminações mútuas. Em *Masollam*, o antigo discípulo de Harris retrata a si mesmo como o herói Santalba (sugerindo "sagrado" e "branco"), mas Masollam (Harris) é descrito como tendo tido experiências e intuições espirituais reais no começo e apodrecido mais tarde. Assim como Oliphant e Harris separaram-se amargamente, no romance Santalba e Masollam também sofrem uma separação amarga. O romance oferece alguns *insights* interessantes sobre os ensinamentos de Harris a partir do ponto de vista de seu discípulo mais famoso.

No segundo volume do romance, Santalba oferece ensinamentos a um xeique druso, referindo-se a uma jovem chamada Anima, que fora criada e treinada por Masollam. Santalba faz ao xeique o seguinte discurso sobre misticismo sexual:

> A libertação do mundo chegou, e chegou na forma de uma mulher. Ela não podia acontecer até agora porque os sexos estavam divididos, mas existe força na união. Somente quando os sexos são unidos de acordo com a intenção divina, as forças redentoras para a libertação do mundo podem ser exercidas através deles. E é pela operação do divino feminino que essa união deve ser alcançada.

---
140. *Ibid.*, p. 525.

Essa é a interpretação de sua visão do mundo duplo. Considere as mulheres, portanto – mas especialmente a mulher ao seu lado (Anima) – sob uma luz diferente da que tem usado até agora.[141]

Depois disso, o xeique Mohanna diz a Santalba, "Você disse que a forma mais elevada de inspiração poderia apenas descender por meio da operação de uma conjunção de elementos masculinos e femininos e que, portanto, seu receptáculo mais adequado era um par associado".[142]

Essa relação espiritual entre masculino e feminino pode continuar postumamente, Santalba continua: "Ela que foi minha associada na terra, e que passou para condições mais elevadas, não é por isso impedida de cooperar comigo [...] pelo fato de que durante nossa união externa tivemos, por longo e árduo esforço e provação, chegado a uma consumação, em que um laço interno e imperecível foi criado, de cujo mistério não me atrevo a falar agora". Santalba é cuidadoso ao insistir que seu "consórcio" com sua esposa morta não é como as experiências de médiuns em transe, mas "uma condição permanente de liberdade e associação mental independente com uma inteligência pura de uma região superior".[143] Espiritualismo significa que "a saúde corporal é ferida, as faculdades intelectuais são enfraquecidas [...] pela invasão de influências que torturam a mente e o corpo que elas fizerem seu lugar de residência e de onde não podem ser expulsas. Essa é a penalidade que pobres mortais pagam por tentar bisbilhotar, por métodos desordenados, os segredos da natureza, que eles não estão destinados a penetrar". Porém, a união superior de Santalba resulta em "aumento no vigor mental e força corporal, uma consciência de moral e liberdade intelectual e espontaneidade. A individualidade, em vez de ser suprimida, é reforçada. Com cada ascensão de poder há fluxos em uma corrente acelerada de amor pela raça humana e um desejo de servir. Não há ânsia de bisbilhotar mistérios, porque o conhecimento parece amadurecer na mente mais rapidamente do que pode ser usado".[144]

---

141. OLIPHANT, Laurence. *Masollam: A Problem of the Period*. Leipzig: Tauchnitz, 1886, v. 2, p. 123.
142. *Ibid.*, 2:128-129.
143. *Ibid.*, 2:130.
144. *Ibid.*, v. 2, p. 130-131.

Esses são, é claro, os ensinamentos de Oliphant, já que são encontrados em seu romance e colocado na voz de uma personagem que o representa. Mas Oliphant era um discípulo próximo de Harris, e podemos também notar que, no começo do romance, Masollam (Harris) diz à jovem Anima que "sozinho eu não tenho poder. Apenas uma mulher pode me alimentar com os elementos essenciais à ultimação das minhas forças, que precisam dessa conjunção para torná-las ativas. [...] Pois o governo do homem não é nada sem a mulher".[145] Tanto para Oliphant quanto para Harris, a união espiritual entre homem e mulher é essencial para a vida espiritual, que leva à revelação da natureza andrógina de Deus. De fato, a natureza masculina-feminina de Deus é o sagrado discernido pelo amigo druso de Santalba, xeique Mohanna.[146] Aqueles que se perdem no romance – Masollam e sua mulher – são levados para longe da união divina pela paixão ou ambição.

Como devemos entender Oliphant e Harris? Eles foram personagens controversos, com certeza, e quando os ensinamentos e práticas de Harris relacionados ao misticismo sexual foram revelados publicamente, ele foi expulso da Califórnia pela publicidade ruim. Oliphant, também um autor prolífico e um dos grandes aventureiros do século XIX, foi por vezes o tema de rumores e insinuações relacionados ao misticismo sexual. Mas eles estariam, como seus críticos diziam, levando as pessoas ao erro com seus ensinamentos exóticos e complicados sobre respiração interna, *fays,* um processo

---

145. *Ibid.*, v. 1, p. 253.
146. *Ibid.*, v. 2, p. 111-112, no qual o Xeique Mohanna diz a Santalba que ele "agora percebia o que estava oculto dos fiéis até então, que o 'Mundo Eterno' era duplo, masculino e feminino, e que o princípio feminino foi mostrado a mim para que eu pudesse compreender essa duplicidade, e que eu também me tornei ciente de que minha compreensão dessa verdade constituiria minha libertação".
Ele vê uma figura feminina em luz ofuscante, que coloca o dedo sobre os lábios em um aviso. Sua primeira experiência "de relação com os seres grotescos e superficiais no mundo invisível" "me ajudou a realizar maravilhas e atos de cura". Sua "segunda experiência" foi "das mais profundas e sutis inteligências de uma esfera mais baixa, que enganam os homens com a fraseologia capciosa da ciência oculta, e que buscam afastá-los da prática da verdadeira religião, substituindo-a por dogmas esotéricos". Agora ele percebia a "diferença entre o verdadeiro e o falso", mas a achava "impossível de descrever", que ela "só podia ser compreendida pela experiência, e [...] como meu povo ainda não está preparado para receber a verdade, devo manter silêncio sobre ela".

de despertar através de contrapartes masculinas-femininas e um Deus andrógino? Ou eles estavam revivendo os tipos de ensinamentos que vimos muito antes no Ocidente de uma forma nova? Eles certamente ofereciam uma teoria mais completa de misticismo sexual do que fez Noyes, ou a sucessora dos ensinamentos de Noyes sobre *coitus reservatus*: Alice Bunker Stockham.

## *Alice Bunker Stockham*

Inquestionavelmente uma das mais notáveis pioneiras de sua época, Alice Bunker Stockham (1833-1912) nasceu em Cardington, Ohio, em 8 de novembro de 1833, filha de Slocum e Matilde F. Bunker. Ela estudou no Olivet College, uma instituição liberal em Olivet, Michigan, e mais tarde recebeu um dos primeiros diplomas médicos concedidos a uma mulher nos Estados Unidos, do Eclectic Medical College em Cincinnati, Ohio, em 1854. Ela se casou com G. H. Stockham em 11 de agosto de 1857, praticou medicina na região de Chicago e se especializou em ginecologia e sexualidade, como mostram muitos de seus livros.

Como Alice não pode encontrar um editor convencional para seus livros abertos sobre aconselhamento sexual, ela fundou a Stockham Publishing, em Chicago, e suas obras, incluem *Tokology, a Book of Maternity* (1883), *Koradine* (1893), *Karezza* (1896), *Tolstoi, a Man of Peace* (1900) e *The Lover's World, a Wheel of Life* (1903). Stockham se correspondia com muitas mulheres e alguns homens sobre práticas sexuais que são discutidas em detalhes em seu livro mais explícito de conselhos sexuais, *Karezza*. Seus livros, correspondências e vastos contatos, bem como suas viagens e conexões pelo mundo, a levaram a fundar uma escola de filosofia em Williams Bay, Wisconsin, em 1900. Ela morreu em Alhambra, Califórnia, em 3 de dezembro de 1912.

Por incrível que pareça, não há nenhuma dissertação ou livro devotado à vida e à obra de Stockham, mas ela foi uma autora significativa cuja obra mais importante continua e desenvolve a tradição de *coitus reservatus* no casamento que já era praticado na comunidade Oneida de John Humphrey Noyes. Stockham foi uma das primeiras mulheres doutoras em medicina nos Estados Unidos, treinada como obstetra e ginecologista. A obra de Stockham reflete seu treinamento e perspectiva médicos. Nela não encontramos evidências da corrente swedenborgiana/böhmiana de misticismo andrógino que vemos nos ensinamentos de Oliphant e Harris, mas, pelo contrário, vemos um misticismo sexual secular da criatividade humana.

Em sua obra mais importante, *Karezza* (1896), ela inclui um testemunho de corroboração que cita a descrição conhecida de Noyes sobre como o intercurso sexual "pode ser comparado a um fluxo em três condições, a saber: 1. a queda d'água; 2. corredeiras antes da queda d'água; 3. águas tranquilas antes das corredeiras. O barqueiro habilidoso pode escolher se permanecerá na água parada, se vai se aventurar mais ou menos nas corredeiras ou se levará o barco pela queda d'água (a ejaculação)".[147] Noyes nunca é mencionado, mas não só a descrição é característica de Noyes, como também a teoria sexual de Stockham sobre *karezza* (intercurso sexual sem ejaculação masculina), até seus benefícios para a saúde do homem e da mulher. Apesar de ela ter visitado a Índia, é muito improvável que, como turista que não falava os idiomas necessários e como mulher, ela pudesse ter sido iniciada em uma seita tântrica real.[148] Em vez disso, ela e outros que ensinaram ou praticaram *karezza* (*coitus reservatus*) na América do fim do século XIX estavam fazendo isso na tradição de Noyes.

Stockham defendeu o *coitus reservatus* como um meio de prevenir gravidez não desejada em uma época antes da difusão e dos controles de natalidade eficazes, isso é verdade, mas *karezza* para ela era mais que isso. Ela oferece uma teoria de misticismo sexual que implica não só a união física, mas também espiritual entre homem e mulher no casamento, e ainda mais, ela argumenta que a união sexual em *karezza* gera criatividade individual. E se o casal decidir ter filhos, a *karezza* resultará em uma prole superior. Sob certos aspectos, Stockham pode ser chamada de evangelista exotérica do misticismo sexual, porque procurou disseminar a ideia de *coitus reservatus* tanto quanto possível. Ela imaginou uma revolução social e sexual, em que as relações entre os sexos poderiam ser inteiramente

---

147. STOCKHAM, Alice Bunker. *Karezza: A Guide to Sexual Mysticism, Magic, and Creativity*. St. Paul: New Grail, 2006.
148. Ibid., p. 47, em que ela menciona uma visita à Índia.

transformadas se o marido e a esposa começassem a praticar a disciplina ascética de ter relações sexuais ocasionais sem ejaculação.

Mas a dela não seria apenas uma revolução social: *karezza* também tinha benefícios espirituais. Assim como as relações sexuais comuns levam à procriação, também as relações sexuais sem ejaculação levariam ao que ela chama de "procriação de pensamento" e a uma união superior entre homem e mulher. Embora Stockham fosse exotérica em seu desejo de transmitir sua teoria sexual o mais amplamente possível, ela estava decididamente se inspirando na longa e rica tradição esotérica ocidental quando disse que "existe dualidade em todas as almas, o princípio masculino e o feminino", e que, "embora única em espírito, a alma de cada pessoa é dupla na expressão espiritual, uma combinação de masculino e feminino". Então, ela continua, "como o sexo está na alma[,] não é impossível, conforme a unidade espiritual se desenvolve, que a procriação de ideias possa ser alcançada – ou seja, a procriação no plano espiritual, não de indivíduos, mas de princípios e teorias que podem ser desenvolvidas na prática para o bem do mundo". Assim, até as dimensões mais classicamente esotéricas do pensamento de Stockham – como a aspiração pela não dualidade ou androginia – em última análise, são legitimadas para ela apenas por suas consequências exotéricas práticas "desenvolvidas praticamente para o bem do mundo".[149]

Em sua obra posterior, *The Lover's World* (1903), Stockham desenvolveu essas ideias em sua extensão máxima. Aqui, ela argumenta que "o amor romântico, por meio das sensibilidades e percepções mais sutis, permite ao homem sentir, saber e usar o *todo*, o amor cósmico".[150] Ela insiste que deveríamos todos "abençoar e consagrar a paixão" porque através dela "algumas grandes almas" "podem derrubar as paredes da escravidão". A união sexual pode ser um caminho rápido para a iluminação espiritual para grandes almas que "entendem a revelação do poder em um instante, como se nascidas para uma nova vida. Tudo que parecia baixo e carnal torna-se transfigurado, e no momento do êxtase o corpo se rende ao espírito, a matéria à mente".[151] Assim, "na expressão sexual, aquilo que fez exigências

---

149. *Ibid.*, p. 61-62.
150. Consulte STOCKHAM, Alice Bunker. *The Lover's World: A Wheel of Life*. Chicago: Alice B. Stockham Co., 1903, p. 41.
151. *Ibid.*, p. 112-113.

especiais se torna difuso, permeando cada fibra, cada célula. A força física é aumentada, o processo mental vivificado, enquanto novas verdades são reveladas. Seguem-se uma vida renovada e êxtase da alma".[152]

Stockham ofereceu testemunhos daqueles que aceitaram seus conselhos. Em um apêndice, ela inclui o seguinte relato de uma nobre britânica correspondente, que escreve:

> No dia anterior, eu pedi licença a todos e passei o dia com o sr. J_. Parte do tempo, nós lemos um livro intelectual ou espiritualmente sugestivo e mentalmente estimulante. Falamos muito sobre nosso amor, de nossos filhos. Das coisas que são excelentes. Assim se passou o dia. Então veio a doce experiência. Eu, também, não precisei fazer nenhum esforço consciente da vontade para evitar o clímax que antes acontecia tão rápido e tão violentamente. Agora há apenas uma maravilhosa exaltação do espírito, alma e corpo, durante a qual acreditamos que grandes mudanças de caráter estão acontecendo, porque o desejo de viver para os outros e a nova visão das qualidades das coisas e ideias não passam, mas permanecem. Junto com isso, o indescritível arrebatamento físico para nós dois. [...] Sem pressão ou excitação indevida, o delicioso entrelaçamento do espírito, alma e corpo dura quase uma hora. Depois, ficamos em repouso, e abrimos um para o outro tudo que estamos vendo.[153]

Stockham também inclui testemunhos em favor do nudismo, e um relato em primeira pessoa de um homem sobre ritmos respiratórios meditativos tão lentos quanto três ou quatro respirações por minuto, algo que, ela nota, é muito útil para a união sexual. O livro é concluído com uma discussão sobre o êxtase místico, indo de Plotino a Tauler, revelando mais uma vez que o misticismo sexual está no centro de toda a obra e pensamento de Stockham.[154]

É evidente que cada uma dessas figuras é bem distinta uma da outra, mas todas compartilham algumas características comuns. Stockham, claro, não fundou uma comunidade utópica, mas uniu na prática os dois aspectos da magia sexual como exemplificados em uma figura como Paschal Beverly Randolph – ou seja, práticas

---

152. *Ibid.*, p. 113-114.
153. *Ibid.*, p. 427-428.
154. *Ibid.*, p. 464-470, que também inclui práticas contemplativas específicas, particularmente uma meditação sobre a vastidão e o espaço.

sexuais com objetivos mundanos ou práticos – com um misticismo esotérico cristão similar ao de Thomas Lake Harris, em que os adeptos visavam a realização de uma unidade andrógina angélica e, por fim, em união com Deus. *Karezza,* de Stockham, diferentemente de outros livros da época, inclui tanto os aspectos mágicos quanto os místicos.

Vemos em todas essas figuras um tipo de esoterismo tipicamente americano, preocupado com práticas específicas e com resultados individuais e sociais pragmáticos. A insistência deles na importância do misticismo sexual representa uma contribuição significativa entre as várias correntes, que por sua vez fluíram para o rio vasto do sincretismo pragmático americano no fim do século XX. Como Noyes antes dela, como William James e como os pioneiros americanos posteriores da consciência na segunda metade do século XX, Stockham estava atenta aos resultados e efeitos para os indivíduos, assim como com a transformação potencial para toda a sociedade humana. Não se importando com as peculiaridades religiosas, a obra de Stockham pertence à longa tradição americana do pragmatismo universalista, cujo maior representante é Emerson. Essa é uma tradição em que não faltam representantes, incluindo Alan Watts, os movimentos do potencial humano, o sincretismo oriente-ocidente e as seitas e figuras do *New Age,* e continua até os dias atuais.

Como muitos antes deles, esses místicos sexuais americanos foram acusados de ser antinomianos. Já em 1849 o reverendo Hubbard Eastmam escreveu sobre Noyes como "o grande mago de Putney", não menos "impostor do que o famoso profeta árabe! Maometanismo, mormonismo, perfeccionismo e um longo catálogo de outros *ismo*s são todos aparentados".[155] O indignado reverendo Eastman também cita um sr. Pratt, cujo editorial no jornal local dá uma pista sobre a época. Pratt afirma, em uma retórica ainda mais inflamada do que a de Eastman, que o noyesismo não é nada menos que um "monstro de iniquidade" e que "cada membro dele mantém princípios que justificam roubo, assalto, incêndio criminoso, assassinato e todos os outros crimes que suas paixões malvadas exigem, porque ele *não pode* pecar, e seu impulso é a única lei que ele reconhece".[156]

---

155. Consulte EASTMAN, Hubbard. *Noyesism Unveiled. Brattleboro*, VT: Eastman, 1849, p. 183.
156. EASTMAN, *Noyesism*, p. 281, citando um editorial no jornal *The Phoenix* de Vermont de 7 de janeiro de 1848.

Eastman cita uma variedade de editoriais e avaliações semelhantes dos perfeccionistas, e a essência de todos eles é que o perfeccionismo era uma forma de antinomianismo. Da mesma maneira, Harris foi acusado de ser um libertino que justificou suas ações com um racional religioso.

Assim, é interessante que Noyes fosse justamente renomado como homem de negócios astuto e honesto – não foi por acidente que Oneida tornou-se uma comunidade industrial rica. As diversas comunidades de Harris também foram bastante ricas e, de acordo com a maior parte dos relatos, bem administradas. Sua comunidade em Brocton tinha seu próprio restaurante e hotel, sua propriedade de quase 730 hectares na Califórnia incluía uma próspera vinícola e adega. Apesar de suas teorias sexuais estarem fora das normas sociais, Noyes e Harris e seus respectivos seguidores e comunidades eram amplamente respeitados, e quando suas teorias e práticas sexuais começaram a ser reveladas, diversas pessoas e jornais locais expressaram descrença nas acusações.

O que vemos nas obras de Noyes, Oliphant, Harris e, até certo ponto, de Stockham, são formas muito desenvolvidas de sistemas esotéricos relacionados. Todos esses autores afirmaram uma divindade masculina-feminina dual e todos encorajaram e ensinaram disciplinas espirituais com dimensões sexuais. Noyes e Harris foram líderes de comunidades utópicas centradas em doutrinas esotéricas. Ambos insistiam, apesar dos vários escândalos e acusações, em disciplina religiosa e moral em seus respectivos grupos. Por fim, ambos criaram comunidades industriais bem-sucedidas que se dissolveram principalmente devido à pressão social vitoriana exercida por causa das dimensões sexuais de seus ensinamentos.

Mas Harris, em particular, apresenta uma das mais complexas e desenvolvidas formas de misticismo sexual que já vimos. É muito fácil dispensar de imediato o que Noyes, Harris, Oliphant e Stockham ensinaram e praticaram, e, de fato, alguns desses ensinamentos e práticas parecem estranhos. Contudo, quanto mais se estuda sobre eles, mais intrigantes eles se tornam como exemplares de uma longa tradição de misticismo sexual e pragmatismo esotérico americano, que não desapareceu, de maneira nenhuma.

# 6

# EROS NA NOVA ERA

A era moderna, pensei muitas vezes, é outonal: esse é aquele período quando as folhas ficam vermelhas, amarelas e laranja brilhantes e quando os frutos da colheita são colhidos, armazenados e aproveitados antes de o inverno chegar. Embora a modernidade sem dúvida vá ser mais conhecida no futuro por suas conquistas tecnológicas externas quase mágicas – seus automóveis, aviões e computadores –, há uma dimensão cultural da modernidade, muito menos comentada, que não podemos ignorar: todo o conhecimento que ela recuperou do passado. Manuscritos antigos, imagens pintadas, os segredos das eras foram disponibilizados no período moderno como nunca antes na história da humanidade, e é aqui, nesse enorme projeto de recuperação cultural, que vemos mais claramente as cores outonais da humanidade em toda a sua glória. *A História Secreta do Misticismo Sexual Ocidental*, em sua recuperação de tradições antes secretas de misticismo sexual, representa um pouco desse brilho outonal.

Já em meados do século XIX, vemos o movimento do "amor livre" emergindo no Ocidente – notavelmente, na América do Norte, Inglaterra e Europa – e esse tipo de movimento aparece e desaparece no fim do século XIX e no século XX. O primeiro quarto do século XX, as décadas de 50 e 60, a década de 70, e o quarto final do século XX – cada período teve sua abertura característica à liberdade sexual e suas próprias rejeições das restrições tradicionais à atividade sexual. A liberdade sexual foi particularmente visível no período contracultural das décadas de 60 e 70, e não causa surpresa que ela tenha criado sua própria oposição.

Assim, o século XX também foi lar de reacionários ou contra-movimentos, dentre os quais o mais forte é o fenômeno religioso amplamente antimoderno do fundamentalismo. O fundamentalismo é reconhecível inclusive por sua rejeição da liberdade ou licença sexual como característica distintiva da modernidade secular. Aqui está um caso típico: uma empresa de *outdoors* em Michigan publicou um anúncio para um programa de televisão que mostrava simplesmente a palavra *sexo* em vermelho em sua mensagem. A empresa foi inundada por reclamações de mulheres locais, como se a mera palavra em si pudesse, de alguma forma, rasgar o próprio tecido da sociedade, tamanha era a ansiedade latente entre alguns membros da sociedade em relação à liberdade sexual naquele período.

Mas um dos aspectos mais interessantes da emergência da liberdade sexual durante o século XX foi a quase total ausência de misticismo sexual da sociedade dominante durante a maior parte do período. Observa-se uma aceitação mais ampla da homossexualidade, dos direitos dos homossexuais, de sexo antes do casamento e até extraconjugal, sem mencionar a profusão da mídia pornográfica durante o último quarto do século XX, o aparecimento generalizado de clubes de *strip-tease* e assim por diante. Entretanto, todas essas são formas externas de licença ou abertura sexual, e algumas delas de fato representam a projeção ou objetificação da sexualidade, e não algum tipo de compreensão profunda ou mais intuitiva da sexualidade como tendo um significado interior. A sexualidade, na maioria desses movimentos, é primariamente ou mesmo exclusivamente vista e definida em relação à sociedade em geral e, de modo algum, em termos de qualquer dimensão interior. Assim, não é de surpreender que o misticismo sexual, na maior parte, não tenha sido visível na sociedade em geral. Era como se ele não existisse.

Mesmo assim, se soubermos onde procurar, vemos que, na verdade, nas margens da sociedade, existem adeptos e até expoentes do misticismo sexual, livres pela primeira vez na história ocidental para explorar e até publicar suas descobertas sem medo de serem queimados na fogueira ou sofrer algum outro destino terrível. A seguir, vamos examinar a obra e o pensamento de diversos desses adeptos do misticismo sexual, cujas obras emergem não *ex nihilo*, mas sim da infinidade de tradições de misticismo sexual preexistentes que remetem até o período medieval, à Antiguidade tardia e até mesmo antes disso. Nessa fase outonal da história, todas essas tradições do passado não apenas foram redescobertas, mas também encontraram seus adeptos modernos.

Começamos, claro, no começo do século XX, com uma das maiores poetisas modernistas, que adotou o nome de H. D. Como T. S. Eliot, H. D. procurou reconfigurar ou reunir os membros divididos da cultura humana separados pela modernidade secular para criar uma nova poesia baseada nas mitologias e tradições herdadas da Antiguidade que restauraram a totalidade de uma sociedade e visão de mundo repentinamente fragmentadas. Porém, por trás da poesia e prosa de H. D. existe uma prática real, que teve sua origem metafísica no trabalho de Ralph Waldo Emerson e sua origem de prática sexual no trabalho de Alice Bunker Stockham.

## *A poetisa H. D.*

Em sua introdução a *Notes on Thought and Vision* (1919) de H. D., intitulada "The Thistle and the Serpent", Albert Gelpi detalha o "colapso psíquico severo" de H. D. e comenta que "sua sensibilidade extrema a tornara sobrenaturalmente suscetível às intensidades da experiência que outros poderiam ignorar". Embora (e talvez porque) ela havia passado por um colapso psíquico, "sua suscetibilidade incomum [a experiências intensas] também tornou possível a ela avançar para uma consciência elevada", que ela chama em *Notes* de sua "experiência água-viva".[157] *Notes* é um livro muito incomum: escrito em julho de 1919, nas Ilhas Scilly, a obra afirma a ideia emersoniana de um "além da mente" como modelo de consciência mais elevada. Ela começa *Notes* proclamando que existem "três estados

---

157. H. D. *Notes on Thought and Vision*. São Francisco: New Directions, 1982, p. 8-9, introdução de Albert Gelpi.

ou manifestações da vida: corpo, mente, além da mente". A obra elabora essa afirmação gnômica. Ela escreve:

> Se eu puder visualizar ou descrever esse além da mente em meu próprio caso, eu diria que parece para mim que há uma touca sobre minha cabeça, uma touca de consciência sobre minha cabeça, minha testa, afetando um pouco meus olhos. [...] Esse além da mente parece uma touca, como água, transparente, fluida, mas com corpo definido, contida em um espaço definido. É como uma planta marinha fechada, uma água-viva ou uma anêmona. Nesse além da mente, os pensamentos passam e são visíveis como peixes nadando em água límpida. [...] Eu percebi esse estado de consciência pela primeira vez em minha cabeça. Eu agora o visualizo também centralizado na região amorosa do corpo ou como um feto no corpo.[158]

Inquestionavelmente, o trabalho de H. D. tem implicações feministas, mas seria um equívoco ver toda a sua obra apenas nesse contexto, porque ela também é, fundamentalmente, esotérica. H. D. se pergunta se é mais fácil para uma mulher do que para um homem alcançar a consciência além da mente, já que ela teve a experiência juntamente com o nascimento de seu bebê. Ela acredita que existe uma "visão do ventre", mas é a visão de "sonho e de visão comum". Ela opõe essa visão interior à vida do intelecto. De fato, H. D. escreve: "não há como alcançar o *além da mente* exceto pelo intelecto". E acrescenta: "acredito que existem alguns artistas chegando na próxima geração que terão o segredo de como usar suas mentes além da mente".[159]

O leitor atencioso de *Notes* começa se perguntar se esse estranho livro de fragmentos é de fato um livro de segredos, escrito para ser uma coleção de pistas iniciáticas para artistas e praticantes do *além da mente* que virão no futuro. Ela escreve que um verdadeiro artista, como alguns dos diálogos de Platão sugerem, deve unir amor e intelecto. Ela sustenta que "um amante deve escolher alguém que tenha o mesmo tipo de mente que ele mesmo, um musicista deve escolher uma musicista". As mentes dos amantes se unem, e quando a visão de amor e a visão intelectual coincidem, quase como duas

---
158. *Ibid.*, p. 17-19.
159. *Ibid.*, p. 21.

lentes, elas "trazem o mundo da visão para a consciência. Os dois trabalham separados, percebem separadamente, mas compõem uma imagem".[160] H. D. escreve que esse processo iniciatório é semelhante à antiga tradição dos mistérios eleusinos: primeiro está a vida do corpo e da sexualidade, segundo a vida do intelecto, e terceiro o despertar para além da mente, que é possível para todos, mesmo que muitas pessoas prefiram permanecer sepultadas.

Aqui está a descrição de H. D. do processo. Ela começa com a condição de que "devemos estar 'apaixonados' antes de podermos entender os mistérios da visão", e que "um amante deve escolher alguém que tenha o mesmo tipo de mente que ele mesmo, um musicista deve escolher uma musicista", para "começarmos com simpatia de pensamentos". Quando "as mentes dos dois amantes se fundem", elas "interagem com simpatia de pensamento". Quando "a região do amor é excitada pela aparência ou beleza do amado, sua energia não é dissipada em relação física", o "cérebro-ventre" ou "cérebro-amor" percebe o além da mente, que é experimentado como um estado de consciência semelhante a uma água-viva no corpo e que é a chave para "todo o mundo da visão".[161] A linguagem de H. D. tem uma fisicalidade impressionante – ela até prefere usar a palavra *cérebro* em vez de *mente* – mas seu ponto central fica claro.

Em essência, H. D. oferece uma visão de mundo gnóstica com claras dimensões de misticismo sexual. Para ela, como para Stockham, despertar para além da mente por meio do misticismo sexual é a fonte da criatividade, assim como é a fonte da espiritualidade. Ela especula sobre o significado da pérola em seus esboços gnósticos (a pérola sendo um ponto de consciência iluminada próxima à testa), mas também se junta a Cristo e Dionísio em uma visão poética de sua unidade com a mãe divina, com a terra, o céu e as gaivotas, de fato, com toda a Natureza. H.D. é uma gnóstica com "g" minúsculo e claramente pertence à tradição americana de despertar espiritual não sectário iniciada por Ralph Waldo Emerson e Henry David Thoreau.

O que a torna incomum é que ela combina o conceito emersoniano de *além da mente* com união sexual como meio para sua realização. Como Alice Bunker Stockham antes dela, H. D. sustenta

---

160. *Ibid.*, p. 23.
161. *Ibid.*, p. 22.

que aqueles que têm a chave secreta para esse tipo particular de união sexual têm também a chave para a própria criatividade – que o poder reprodutivo sexual também é a fonte da criação artística. Assim, ela escreve que se fosse possível transmitir essa compreensão para os artistas e poetas no futuro, seria possível gerar novos Goethes ou Emersons, novos visionários cujas habilidades e visões combinadas seriam, pelo poder da união sexual-espiritual, potencialmente, ainda maiores do que as dos artistas, músicos e intelectuais do passado. Em resumo, H. D. é uma representante importante de uma linha moderna de misticismo sexual.

## *Denis de Rougemont* e Love in the Western World

Antes de voltarmos para a linha americana de misticismo sexual, é importante reconhecer aqui um autor cuja obra se coloca precisamente entre o trabalho de H. D., por um lado, e a profunda mudança nas atitudes sexuais que aconteceria nas décadas de 1960 e 1970. Esse personagem, cuja obra foi imensamente influente, foi Denis de Rougemont (1906-1985), e de longe seu livro mais conhecido foi *Love in the Western World* (1938). *Love in the Western World* é uma daquelas obras extensas da história intelectual que são amplamente lidas, mas ainda assim nunca são suscetíveis a uma interpretação única. Vários tipos de leitores encontram no livro a tese que desejavam, e são capazes de fazê-lo porque o tema é mais de um milênio de história, e nada menos do que a vasta questão sobre o que é o amor e como o amor romântico, como um tema distintamente ocidental, surgiu.

O que importa, para nós, não é a série de controvérsias sobre o livro e suas teses, mas o fato de sua existência e o que o autor buscou revelar. *Love in the Western World* é de vital importância como obra de recuperação histórica, trazendo para a consciência intelectual moderna as tradições dos trovadores e dos cátaros, e argumentando que foi com eles, no século XII, que o que consideramos amor romântico (em oposição ao casamento) surgiu no mundo ocidental. Rougemont está interessado não em esforços de empirismo histórico estrito, mas em significado e ramificação – ou seja, em *sentido*, começando com o significado do amor cortês e da tradição dos trovadores.

Rougemont certamente está no caminho certo quando observa que a tradição do amor cortês deve pelo menos um pouco ao maniqueísmo, conhecido como a "Religião da Luz", às tradições religiosas persas e às tradições tântricas do extremo oriente. Ele aponta que as tradições tântricas podem muito bem ter passado pela Pérsia, e dali terem sido dispersadas para o mundo ocidental durante esse período inicial. Enquanto alguns críticos consideram até a possibilidade de influências maniqueístas e tântricas sobre as "heresias" do sul da França "altamente fantásticas e improváveis", na verdade, é pelo menos possível que as tradições de amor cortês e a subsequente linguagem analógica e erótica dos grandes místicos cristãos também possam ser "um veículo das realidades detalhadas, embora ambíguas, de uma disciplina erótico-mística cujas receitas estavam na Índia, na China e no Oriente Próximo".[162]

Para nossos propósitos, não importa se Rougemont tinha ou não evidências empíricas para essa afirmação. O que importa é que a afirmação *em si* revela o que estou denominando de natureza outonal da modernidade, a ideia de que no século XX todas as dimensões do passado humano estão sendo reunidas e que o que antes estava oculto e era rejeitado como heresia agora está, enfim, recebendo seu devido valor. *Love in the Western World* de Rougemont está exatamente nessa tradição moderna de recuperação. Em parte por meio de seu livro, as tradições medievais cristãs de amor cortês e dos mistérios do misticismo erótico emergem na consciência do Ocidente do século XX em um contexto histórico e fenomenológico combinado.

Uma das contribuições de Rougemont foi destacar a relação dinâmica entre o ascetismo e rejeição dos cátaros ao casamento por um lado e o acolhimento herético e trovador da paixão e do amor romântico como a transcendência do casamento institucional estupidificante. Rougemont, de fato, estava salientando uma dinâmica que vimos muito antes, na Antiguidade tardia, mas ele mostrou como as correntes que vimos emergindo no século XII manifestam-se mais

---

162. ROUGEMONT, Denis de. *Love in the Western World*. Princeton: Princeton University Press, 1983, p. 122.

tarde, não apenas em antimisticismo e várias outras formas posteriores de misticismo erótico religioso medieval, mas também na tensão do início da era moderna entre puritanismo e libertinismo. A tensão saliente no início da modernidade, como no século XII, é entre aqueles que afirmam o código moralista do casamento institucional e aqueles que afirmam a liberdade da paixão individual.

Contudo, há outro aspecto da obra de Rougemont que não podemos ignorar: sua visão sobre o totalitarismo alemão. *Love in the Western World* foi escrito em meados da década de 30 e publicado em 1938. Como intelectual suíço, Rougemont foi capaz de observar razoavelmente de perto a ascensão de Adolf Hitler ao poder. Ele reconheceu muito bem como a paixão retórica de Hitler se baseava no arquétipo do amante romântico que seduz o povo, como sua política totalitária de massa foi de fato uma transferência da paixão, do entusiasmo, da selvageria de *eros* da vida privada para a pública, e uma projeção disso no próprio Hitler como um tipo de salvador e libertador nacional. Assim, o espetáculo público do hitlerismo é, de fato, uma forma projetada e invertida de misticismo em que a união não é por meio do amado com o divino, mas com espetáculo e retórica, no símbolo máximo do próprio ditador e da multidão reunida em comícios espetaculares, esses dois sendo uma paródia invertida do amante (Cristo) e do amado (o corpo da Igreja, Sofia/sabedoria).[163]

O argumento de Rougemont é importante: a modernidade é o período em que o espectro completo das possibilidades humanas é realizado, incluindo as piores possibilidades. Se em um extremo do espectro está a afirmação da individualidade e sua transcendência, no outro extremo está a submersão da individualidade e sua supressão pelo totalitarismo. Se, por um lado, é possível que os indivíduos explorem o que já foi considerado "herético", por outro lado pode-se argumentar que essa liberdade existe, principalmente, porque o que importa na modernidade não é a verticalidade da transcendência, mas a esfera horizontal, sociopolítica. Então, na modernidade, o herege é um dissidente político. A heresia religiosa só importa se o herege religioso for percebido como uma ameaça sociopolítica.

---

163. ROUGEMONT, *Love in the Western World*, p. 268-269.

Tais questões podem parecer estar fora de nosso tópico, mas na verdade a obra de Rougemont é, fundamentalmente, sobre como chegamos ao nosso impasse atual, nossa "crise conjugal", especialmente nos países ocidentais que se dividiram em puritanos e libertinos com mais clareza ainda do que no século XVIII. Chegamos à nossa atual confusão social sobre temas sexuais e conjugais por causa de uma longa e complexa história que Rougemont passou décadas desenredando e revelando. É possível que uma compreensão clara do misticismo sexual possa oferecer a principal, talvez a única, saída para o que Rougemont denominou há décadas, e ainda devemos nos referir hoje, como a crise no casamento? Isso teremos de ver, mas antes de explorarmos essa e outras questões relacionadas, devemos nos voltar para outra figura importante na história moderna do misticismo sexual: Alan Watts.

## *Alan Watts*

Alan Watts (1915-73) com frequência é erroneamente descartado como um diletante no estudo das tradições religiosas asiáticas, cuja principal contribuição foi popularizar o budismo zen e o taoismo em muitos livros, palestras e artigos publicados nas décadas de 50, 60 e 70, contribuindo assim não pouco para a "contracultura" da época. Com seu ponto de vista, Watts foi significativo principalmente como portador de tradições religiosas asiáticas para o que se tornaria a "contracultura *hippie*" e mais amplamente para a sociedade americana. Porém, na verdade, a obra de Watts é valiosa por si mesma – e ele é uma figura importante na história moderna do misticismo sexual.

Watts publicou muitos livros, mas o mais importante para nossos propósitos é *Nature, Man and Woman* (1958). Nele, Watts traz pela primeira vez para a consciência popular a tradição ocidental do misticismo sexual. Os capítulos finais de *Nature, Man and Woman* se concentram no misticismo sexual e, portanto, começam com Rougemont, catarismo e amor cortês. Mas Watts acrescenta a tradição cristã primitiva das *virgines subintroductae*, que pode ter se estendido além da coabitação para o *coitus reservatus* real. Ele observa que, embora não haja evidências diretas, é possível que os amantes corteses praticassem o *coito reservatus*, "ou, para usar a palavra persa, *karezza* – a união sexual prolongada sem orgasmo por parte do homem".[164] Aqui ele estava se baseando no trabalho anterior de Alice Bunker Stockham, além de Rougemont. Mas o livro de Watts, publicado por uma grande editora de Nova York, é a primeira obra popular a delinear alguns elementos-chave do misticismo sexual ocidental.

A obra de Watts é importante sob outro aspecto, pois ele apresentou comportamentos tântricos e taoistas em relação à sexualidade para um público ocidental. Não que Watts explore toda a gama de tradições tântricas e taoistas em relação à sexualidade, às quais ele tinha, afinal, pouco ou nenhum acesso direto. Em vez disso, Watts abriu o caminho para o diálogo e a síntese Oriente/Ocidente, ao incorporar a filosofia taoista exatamente na mesma tradição Oriente/Ocidente a que Ralph Waldo Emerson pertenceu um século antes.[165] Assim como Emerson no século anterior, Watts, com base em traduções recentes de obras religiosas asiáticas, sintetizou-as sob sua própria perspectiva.

O que torna Watts notável para sua época, e que faz com que ainda valha a pena ler sua obra, é precisamente a natureza universal e sincrética de seus escritos. Watts observa que a "união dos amantes já é uma transição simbólica do profano para o sagrado" e, como tal, é "peculiarmente ajustado para a realização real da libertação de *maya*". É comum, ele escreve, "pensar que, de todas as pessoas, os amantes contemplam um ao outro da maneira mais irrealista", mas "não pode ser que a natureza tenha permitido a eles verem pela primeira vez o que é um ser humano, e que a desilusão subsequente não é o desvanecimento do sonho em realidade, mas o sufocamento da realidade?".[166] Aqui ele está se baseando na longa tradição do misticismo sexual ocidental, combinando-o sem esforço com a linguagem e os conceitos religiosos asiáticos para formar uma nova síntese, outonal, moderna e universal.

---

164. WATTS, Alan. *Nature, Man and Woman*. Nova York: Pantheon, 1958, p. 172.
165. VERSLUIS, Arthur. *American Transcendentalism and Asian Religions*. Nova York: Oxford University Press, 1993.
166. WATTS, *Nature*, p. 182-183.

É verdade que Watts é identificado em alto grau com a contracultura dos anos 1960, mas, de fato, as origens intelectuais de sua obra estão nos autores seminais do que ficou conhecido como tradicionalismo e com Emerson. Assim, um exame cuidadoso de *Nature, Man and Woman* revela que entre as principais fontes de Watts sobre as tradições religiosas asiáticas estão René Guénon e Ananda K. Coomaraswamy, autores cujo trabalho é ao mesmo tempo moderado (no sentido de conservador) e universalista.[167] Como esse livro também mostra, Watts (embora nascido inglês) tornou-se outra figura importante na longa tradição do misticismo pragmático americano e do tradicionalismo eclético que remonta pelo menos a Emerson e Thoreau e, com Watts, incorporou também o misticismo sexual. A confluência dessas duas linhas intelectuais é a principal responsável pelo misticismo sexual "contracultural" de Watts.

O ponto alto da síntese de Watts é seu capítulo final, "*Consummation*", um ensaio cuidadosamente construído que se move da noção cristã e puritana convencional de "a união corporal do homem e da mulher como a fase mais carnal, animal e degradante da atividade humana" para uma nova compreensão baseada em fontes tradicionais tanto orientais e ocidentais, e que isso não é apenas "o exemplo mais comum e dramático de união entre si mesmo e o outro", mas também "um meio de iniciação ao 'corpo único' do Universo".[168] A união sexual, em outras palavras, "é um modo ou grau especial da relação total entre homem e Natureza".[169] Como tal, não é uma questão de técnicas taoistas ou tântricas específicas, mas de união contemplativa, de modo que "o amor sexual no espírito contemplativo simplesmente fornece as condições em que podemos estar conscientes de nossa interdependência e 'unidade' mútua".[170]

Ele conclui o capítulo com uma descrição impressionante da união sexual como misticismo. Se o casal está unido em *maithuna*, ou união sexual, ele escreve, e não há esforço para induzir o orgasmo

---

167. Sobre tradicionalismo, consulte SEDGWICK, Mark. *Against the Modern World*. Nova York: Oxford University Press, 2004, embora Sedgwick seja um pouco inclinado demais a considerar os tradicionalistas como hereges de uma ortodoxia do modernismo.
168. WATTS, *Nature*, pp. 185, 189.
169. *Ibid.*, p. 190.
170. *Ibid.*, p. 196.

por movimento corporal, "a interpenetração dos centros sexuais torna-se um canal do intercâmbio psíquico mais vívido". Então "o senso de identidade com o outro torna-se peculiarmente intenso [...] como se uma nova identidade com vida própria fosse formada entre eles". Essa nova vida só pode ser chamada de "cósmica" porque os eleva para fora deles mesmos em uma corrente de vitalidade, e eles entram nela em estado de abandono ou altruísmo, que não é, como afirma Rougemont, um desejo literal de morte, mas sim entrar em um estado de transcendência em que a morte é apenas uma metáfora para um estado de êxtase místico em que interior e exterior são unidos, e que por sua vez se abre em clareza em uma paz que proporciona a compreensão.[171]

Quando consideramos a obra de Watts ao lado do consumadamente europeu Rougemont, por exemplo, vemos mais uma vez como Watts absorveu e veio a manifestar a tradição americana do esoterismo pragmático. O que importa, na obra de Watts, como na de H. D., Stockham e Harris, é o que *funciona* – e o que funciona é o que gera uma experiência individual de transcendência. Watts pertence à linha de ensaístas anglo-americanos que começa com Emerson e Carlyle no século XIX e incorpora a tradição pessoal e experiencial do misticismo pragmático americano. Não é de surpreender, portanto, que o trabalho mais importante de Watts culmine no misticismo sexual, pois este também pertence não a uma novidade modernista "decadente", como o puritano reprovador o consideraria, mas a uma longa e venerável corrente ocidental de misticismo sexual de considerável variedade e profundidade.

A introdução de tradições asiáticas, notadamente o taoismo e vários tipos de tantrismo, complementou e fortaleceu a tradição preexistente do misticismo sexual ocidental. A partir das décadas de 1970 e 1980 em diante, em especial nos Estados Unidos, vê-se um fluxo constante de livros que – independentemente de sua autenticidade tradicional ou histórica – trazem novas técnicas e práticas sexuais para mais perto da tendência social dominante americana. A partir dessa perspectiva, se as obras de *Mantak Chia*, por exemplo, são genuinamente taoistas ou são um híbrido moderno não é

---

171. *Ibid.*, p. 202-206.

tão importante quanto o mero fato de sua existência e ampla disponibilidade. Pertencentes a uma tradição que remonta às primeiras traduções do *Kama Sutra*, as tradições taoista e tântrica alimentam-se naturalmente da corrente maior de novas formas ainda mais sincréticas do misticismo sexual ocidental.

O que distingue a corrente anglo-americana do misticismo sexual nos séculos XIX e XX é seu caráter direto, e isso reflete e corresponde às tradições asiáticas que a alimentam. Quando olhamos em retrospecto para a história do misticismo sexual ocidental nos últimos dois milênios, vemos as reações antissexuais incensadas daqueles que julgam ser a autoridade "ortodoxa", e que parecem precisar de "libertinos" ou "hereges" antinomianos, talvez até mesmo fabricando-os se eles não existirem na realidade. Também vemos alusões ao misticismo sexual em tratados literários ou místicos, e vemos grupos e indivíduos místicos ocasionais. Porém, o misticismo sexual explícito do tipo que vemos no trabalho de Watts é um fenômeno moderno, pertencendo quase totalmente aos séculos XIX e XX, e encontrado principalmente no que estou chamando de corrente anglo-americana de misticismo pragmático.

Essa corrente também não desapareceu. De fato, ela se difundiu na sociedade ocidental de maneira mais ampla, pelo menos em parte, pelos aparatos de marketing do *New Age*, manifestados não apenas em livros e revistas, mas também em numerosos centros presentes de Nova York à Califórnia. Uma noção vaga de amantes como contrapartes ou complementos místicos se tornou bastante difundida na sociedade americana, entrelaçada em incontáveis enredos de filmes e romances, contribuindo por sua vez para a taxa de divórcio americana e para a fratura do casamento e das famílias tradicionais. Tais formas não são misticismo propriamente dito. Não há, nessas difusões populares de ideias muito mais profundas, nenhum objetivo ou mesmo muita consciência da gnose ou percepção experiencial do divino.

Quais são os significados mais amplos do misticismo sexual? Quais são seus significados mais profundos? Até aqui, mapeamos as raízes históricas e encarnações do misticismo sexual, mas agora é hora de nos voltarmos para suas implicações, não apenas para nós como indivíduos, mas também para nós em relação à Natureza e ao divino. Pois não é somente na dimensão "horizontal" da história que os segredos do misticismo sexual são encontrados. Também somos obrigados a olhar para as dimensões "verticais" ocultas do misticismo sexual a fim de entender seu real significado. De fato, sem essa dimensão vertical, não podemos dizer nada com propriedade sobre o misticismo sexual, pois o que define o misticismo sexual, acima de tudo, é a comunhão sexual como veículo ou portal, uma passagem além de nossos "eus" limitados e individuais. Aqui está o começo dos segredos do misticismo sexual.

# 7

# OS SEGREDOS DO MISTICISMO SEXUAL

O que, então, podemos aprender com essa história secreta do misticismo sexual no Ocidente? Certamente é claro que o misticismo sexual tem raízes profundas que remontam a centenas de anos, mas também está claro que, com o advento do Cristianismo, veio uma dinâmica particular de antimisticismo e também de antissexualismo. Desde seus primeiros anos, o Cristianismo trouxe consigo um conflito contínuo entre aqueles que estão abertos à possibilidade de que a dinâmica sexual entre homens e mulheres possa, apesar de todos os seus perigos potenciais, também oferecer uma espécie de caminho místico natural e aqueles que insistem que a sexualidade só é permissível para produzir descendentes. Para os últimos, a própria sexualidade deve ser temida e suprimida. Para eles, ela pertence ao Diabo. Conhecemos esse tipo de perspectiva bem o suficiente: todos nós já vimos o instinto puritano em ação, assim como vimos seu oposto libidinoso naqueles que vivem para chocar. Mas e quanto àquele misterioso meio-termo, em que a sexualidade se mistura com o misticismo? Qual é sua geografia secreta?

Quase 2 mil anos atrás, Irineu investiu contra os "hereges" que, ele disse, "praticam artes mágicas e encantamentos", eram abertos sobre a sexualidade, afirmavam que cada um de nós está preso em ciclos de reencarnação até transcendermos os poderes e principados que governam esta terra, aceitavam mulheres e homens profetas ou visionários, e declaravam que Cristo "falou em mistério a Seus discípulos e apóstolos em particular". Então, os apóstolos transmitiram esses ensinamentos secretos a seus discípulos em uma linha contínua que leva diretamente a esses gnósticos.[172] Vale a pena investigar o que essas diferentes dimensões do gnosticismo basilideano e carpocratiano têm em comum, e por que o gnosticismo está ligado ao misticismo sexual.

Para desenvolver uma imagem composta do misticismo sexual no Ocidente, devemos nos basear em toda a gama das tradições, correntes, movimentos e figuras discutidos até agora. Pois até mesmo um palimpsesto, camada sobre camada, pode parecer formar uma imagem maior quando se dá um passo para trás para olhar para ele. E a partir dessa visão mais ampla podemos começar a entender mais claramente os significados do misticismo sexual ocidental à medida que ele se repete ao longo dos séculos e milênios. Pois, como vimos, o misticismo sexual não ocorre por si só, separado de significados culturais e religiosos: até Irineu, um oponente amargo, reconhece que esse misticismo sexual (que ele denigre como simplesmente "lascívia" ou "libertinagem") existe dentro de uma rede de conexões.

Consideremos o misticismo sexual em relação a temas com os quais ele está historicamente vinculado e que lançam luz sobre seus significados mais abrangentes para nos ajudar a entender seu contexto mais amplo. Aqui vamos nos concentrar em quatro campos de organização, cada um remetendo à era cristã primitiva, e cada um deles se repetindo ao longo da história ocidental. Essas categorias não são completas, mas sim indicativas, entendidas como *thematic loci*. Os quatro campos são:

1. Natureza e magia
2. Igualitarismo, casamento espiritual e hierarquia espiritual
3. Ensinamentos secretos e gnose
4. Realização do transcendente

---

172. Consulte IRINEU, *Against Heresies*, 1.23, in *Ante-Nicene Fathers*, 1:348. Consulte também 1:350, e *passim*. Irineu repete em diversos pontos o tema de que a sexualidade e o simbolismo e as práticas sexuais tinham um papel significativo em algumas formas de gnosticismo.

## 1. Natureza e magia

Por que tantos grupos e indivíduos aos quais a história atribui uma ou outra forma de misticismo sexual também prefeririam regiões selvagens à sociedade urbana, desertos e florestas às cidades? A oposição a tais ensinamentos tendia a surgir nas cidades, abrigo de instituições burocráticas e daqueles intrometidos que, da Roma papal à Genebra de Calvino, procuravam administrar a vida pessoal dos outros. Por outro lado, o alcance da burocracia é, em geral, mais fraco quanto mais longe das concentrações urbanas de poder se vai, e se perde quando se passa para regiões selvagens. Talvez por isso não seja surpreendente que, dos antigos mistérios aos primeiros grupos cristãos encráticos, de grupos medievais como os irmãos do espírito livre, os valdenses e os cátaros, aos proponentes mais recentes do misticismo sexual como Thomas Lake Harris ou os que foram influenciados pelo taoismo, a natureza selvagem seja um refúgio e lar inevitável.

Contudo, não é uma simples questão de se esconder na Natureza. A vida em regiões selvagens, ou ao menos próxima dos ritmos da Natureza, foi aliada dos mistérios desde a Antiguidade. Lembramos das festividades noturnas associadas a Baco, e antes de seu culto, em cultos que remontam ao tempo da *Mater Magna* (Grande Mãe), sem dúvida ainda mais antigos. Os mistérios eram nada menos que o modo de contato direto da humanidade ocidental com os poderes divinos inerentes ao Cosmos e, assim, é natural que as tradições dos mistérios estivessem intimamente conectadas e, com frequência fossem celebradas na Natureza, no campo "pagão", onde, de fato, sua memória cultural continuou entre os camponeses muito depois de o Cristianismo ter triunfado nominalmente, pelo menos nas cidades, ou seja, nas esferas do poder burocrático.

Onde a memória cultural das tradições misteriosas sobreviveu – em especial em regiões rurais e tribais –, muitas vezes também se encontram tradições mágicas populares que parecem ser da Antiguidade. Essas tradições mágicas estão intimamente ligadas às correntes e ritmos da Natureza, das quais tiram proveito e buscam ampliar ou desviar. As artes de encorajar ou desencorajar a chuva, de tornar ou manter o gado fértil, de plantar no tempo apropriado e de nutrir o crescimento adequado de plantas e pomares estão intimamente relacionadas às artes da magia erótica e da procriação, de evitar ou encontrar ladrões e de proteger a terra, as colheitas, o gado e a família. Tanto os mistérios em um nível macro quanto a magia popular ou natural em um nível micro serviram para sustentar e melhorar a vida humana com os ritmos naturais e cósmicos superiores, e o advento do Cristianismo representou uma nova camada dessas tradições já existentes e contínuas.

O misticismo sexual, no entanto, não existe apenas no contexto de ritmos naturais ou cósmicos. Assim como existiam nas tradições dos mistérios experiências de pura transcendência, de iluminação brilhando *através* da Natureza, também encontramos experiências iluminadoras no Cristianismo – mas aqui a transcendência da Natureza é intensificada. Enquanto o senso gnóstico de alienação do Cosmos é exagerado com frequência na academia do século XX, a alienação do Cosmos expressa uma perspectiva que é, de fato, mais propriamente cristã paulino-agostiniana em relação aos mistérios "pagãos" anteriores. O horror cristão "ortodoxo" à libertinagem "pagã" ou "herética" é também um horror da sexualidade não procriativa, codificada mais tarde em uma variedade de doutrinas e práticas católicas romanas.

Não é de surpreender, portanto, que se afirme que o antigo gnosticismo e numerosas "heresias" subsequentes como o bogomilismo continuaram com as práticas mágicas: as atitudes em relação à Natureza, ao Cosmos e aos poderes cósmicos estavam mais próximas daquelas encontradas nas tradições dos mistérios anteriores do que do Cristianismo paulino-agostiniano. Por meio dessas práticas, entra-se em contato direto com os poderes cósmicos, em vez de rejeitá-los amplamente ou descartá-los, como é o caso em muitas formas de Cristianismo ortodoxo ascético. Não é coincidência que se alegasse que as vítimas da Inquisição fossem hereges ou magos. Essas duas categorias não se sobrepõem totalmente, é certo, mas onde o fazem, em geral também se encontra uma aceitação heterodoxa da Natureza ou do selvagem e dos poderes da Natureza.

O misticismo sexual é uma corrente alternativa dentro do Cristianismo que continua alguns aspectos das antigas tradições dos mistérios, mas com uma base principalmente individual e não como um fenômeno sociocultural orientador, e por isso corresponde, curiosamente, à era moderna. O misticismo sexual surge com maior amplitude durante os séculos XIX e XX, não menos porque esse é exatamente o período em que as redes socioculturais tradicionais estão desmoronando sob as pressões da industrialização, da urbanização e do entretenimento e consumo em massa. À medida que o mundo natural e a vida rural se afastam das vistas de populações americanas e europeias cada vez mais urbanas, à medida que as culturas tradicionais se corroem e desaparecem e à medida que o que antes era uma "heresia" anatematizada se torna apenas mais uma em uma variedade de perspectivas possíveis, o misticismo sexual não precisa mais ser mantido inteiramente em segredo. Ele começa a emergir como uma dentre as várias dimensões alternativas da vida religiosa.

O que torna o misticismo sexual particularmente atraente na era moderna? Ele fala de uma necessidade humana profunda de conexão não só com outro indivíduo, mas também com a Natureza e com o divino. A instituição do casamento dissolveu-se consideravelmente durante o século XX como parte de uma dissolução maior das unidades culturais diante do secularismo em crescente intensificação que serviu para corroer ou romper as conexões entre as pessoas e a terra, entre as pessoas e suas culturas e entre as pessoas e suas tradições religiosas. O misticismo sexual serve para restaurar essas conexões não em um nível cultural, mas entre duas pessoas que se encontram e unem-se não só na Natureza, mas também por meio de magia, ou, em outras palavras, não apenas como indivíduos, mas também como representantes de princípios do cosmos maiores que eles mesmos.

## 2. *Igualitarismo, casamento espiritual e hierarquia espiritual*

Quando estudamos a história do misticismo sexual, também vemos que as mulheres assumem papéis particularmente fortes como guias espirituais, líderes e, às vezes, profetas. Encontramos entre os gnósticos na Antiguidade, entre numerosos grupos medievais e nos primeiros grupos e indivíduos da idade moderna e contemporânea associados ao misticismo sexual uma ênfase consistente não na autoridade masculina nem na autoridade feminina, mas sim em uma união paradoxal de igualitarismo com o que podemos chamar de aristocracia espiritual, ambos, por sua vez, derivados da experiência do casamento espiritual.

Como vimos, a dimensão prática do misticismo sexual desde a Antiguidade é suprafísica: ao longo da história do misticismo sexual ocidental, o que importa é a união vertical ou transcendente, ou seja, a união dos dois indivíduos não como indivíduos, mas como seres transcendentes. Essa união transcendente é descrita com frequência nos mistérios "pagãos", como nos mistérios valentinianos e algumas outras formas de gnosticismo, como casamento espiritual ou, às vezes, como casamento místico. O *casamento espiritual* como termo simbólico descreve a reunião da humanidade com o divino, e, como o termo *casamento* implica, essa reunião dificilmente poderia ser restrita a apenas um gênero.

A autoridade dentro de pequenos círculos místicos, portanto, é atribuída àqueles que experimentaram o casamento interior ou espiritual, e os mais experientes são os anciões ou guias dentro da tradição. Em geral, é indiferente se esse indivíduo é homem ou mulher, uma perspectiva que irritava os padres da Igreja como Ireneu ou Tertuliano tanto quanto, mais tarde, irritou os representantes da Inquisição, que começaram a investigar grupos como os Irmãos do Espírito Livre, que defendiam pontos de vista semelhantes no período medieval. O que importa para os adeptos de tais ensinamentos místicos é quanto conhecimento interior direto um ancião tem do matrimônio espiritual, pois, na opinião deles, essa é a única origem da autoridade autêntica.

Com frequência, tal perspectiva tem sido associada historicamente ao antinomianismo, ou seja, à ideia de que aqueles que tiveram uma experiência interior profunda e transformadora não estão mais sujeitos às restrições morais, legais ou sociais convencionais em si, mas estão livres para agirem de acordo com seu conhecimento espiritual interior. Encontramos um fenômeno pelo menos equiparável ao antinomianismo dentro de tradições gnósticas asiáticas semelhantes: lembramos aqui da "sabedoria insana" dos iogues e ioguines tibetanos e dos inúmeros *koans* e anedotas zen-budistas que questionam ou violam expressamente a moralidade convencional ou as restrições sociais. A diferença principal parece ser que, enquanto as culturas tibetana, japonesa, chinesa e, talvez, a coreana permitiam, de vez em quando, tradições de aparência antinomiana, as culturas ocidentais em sua maioria não concedem tal licença.

Porém, essa diferença cultural diminuiu com a chegada das tradições religiosas asiáticas ao Ocidente, com a adoção generalizada de frases como *sabedoria insana*, e também com a interpenetração ampla e profunda de tradições e práticas religiosas asiáticas nas sociedades ocidentais. O que por dois milênios da história ocidental foi, em grande parte, anatematizado e descrito como o "bicho-papão" – ou seja, possíveis tradições de sabedoria antinômica – finalmente podia ser visto sob uma luz diferente. Sob essa luz distinta, essas tradições, pelo menos talvez, puderam ser vistas como a expressão da experiência espiritual direta do divino, que às vezes quebra os pontos de vista convencionais sobre o mundo. Se, por um lado, a sabedoria antinômica pode ser vista como perigosa, por outro ela pode ser uma maneira de revigorar uma tradição religiosa esclerótica ou ossificada.

De fato, quanto mais se pensa a respeito, mais os vários adeptos do misticismo sexual no passado parecem ter vivido antes de seu tempo. Tantas de suas crenças e até mesmo algumas práticas podem ter parecido estranhas em seu próprio tempo, mas não mais na modernidade (ainda mais no feminismo), com sua ampla dissolução de inibições socioculturais antigas. Na época moderna, talvez pela primeira vez na história ocidental, é improvável que o misticismo sexual, seja como teoria ou como prática, leve alguém a ser preso ou morto, e, pelo menos sob os aspectos externos, não está tão distante do pensamento permissivo dominante.

## 3. *Ensinamentos secretos e gnose*

Acontece que existe um aspecto crítico do misticismo sexual, ou mesmo do misticismo em geral, que permanece totalmente estranho às perspectivas modernas. E essa é a ideia da gnose, ou conhecimento espiritual interno direto. A noção de ensinamentos secretos de Jesus, dados aos discípulos e transmitidos deles para os iniciados subsequentes – isso é compreensível porque se refere à história. Essa difusão iniciática existe em um horizonte histórico, mesmo que não tenhamos certeza de quais conhecimentos foram transmitidos. Tanto essa história secreta quanto os conhecimentos transmitidos existem no mundo da dualidade sujeito/objeto: supõe-se que exista uma história secreta de um tipo particular de conhecimento e, versados nas premissas do racionalismo científico moderno, naturalmente pensamos nesse conhecimento secreto como algum tipo de informação ou técnica rarefeitos. Porém, a gnose não é como os tipos de conhecimento com os quais estamos familiarizados.

Em termos gerais, existem dois tipos de gnose na tradição cristã. Esses dois tipos de gnose correspondem aos termos de Dionísio Areopagita: *via positiva* e *via negativa*. A *via positiva* ou *via afirmativa* é geralmente definida como a percepção de realidades mais elevadas com o uso de símbolos ou imagens, mas esses símbolos ou imagens são como passagens ou portais para mundos visionários, no que Henry Corbin chamou de *mundus imaginalis*, ou "mundo imaginário".[173] A esfera visionária do *mundus imaginalis* não é imaginária ou um mero reflexo deste mundo. É, sim, uma esfera reveladora arquetípica, semelhante ao sonho lúcido, na qual encontramos seres divinos ou angélicos e reinos visionários, exatamente o que encontramos em muitos dos escritos gnósticos de Nag Hammadi. Contudo, lá também encontramos a *via negativa*, ou seja, o caminho que transcende todos os símbolos ou analogias.

Esses dois tipos de gnose não são mutuamente contraditórios, nem são de qualquer forma incompatíveis. De preferência, a pura transcendência da *via negativa* é também revelada por meio de múltiplas experiências visionárias da *via positiva*. No fim das contas, elas são iguais, e os dois caminhos levam à mesma transcendência de sujeito e objeto. Ambos são quase totalmente estranhos ao que se tornou conhecido como visão de mundo "moderna" – ou seja, perspectivas caracterizadas pelo racionalismo científico ou positivismo

---

[173] Consulte obras como CORBIN, Henry. *Creative Imagination in the Sufism of Ibn Arabi*. Princeton: Princeton Univ. Press, 1969; e *Spiritual Body and Celestial Earth*. Princeton: Princeton Univ. Press, 1977.

– porque ambas as dimensões da gnose estão além do horizonte histórico, ou seja, estão acima ou além do tempo histórico. Nós experimentamos insinuações dessa transcendência do tempo em toda grande literatura, que também faz parte de um tipo de atemporalidade. Mas passar pelos portais da *via positiva* ou *via negativa* é passar para a eternidade.

O que a história secreta do misticismo sexual sugere é que a união ou comunhão sexual podem se abrir para uma experiência *via positiva* em que, por meio da comunhão íntima, começamos a perceber e até mesmo a penetrar na esfera arquetípica que Corbin chamou de *mundus imaginalis*. A união sexual é potencialmente propícia para tal experiência, porque nela um homem pode se tornar um homem arquetípico encontrando uma mulher arquetípica: anjo ou deus se une a anjo ou deus (depende de alguém estar usando linguagem cristã ou pagã). Mas tal experiência geralmente não vem de relações sexuais comuns. Ela está associada, sim, à disciplina e privação, a amar com e através do outro e não sucumbir a uma conclusão ejaculatória.

O que vemos nas tradições misteriosas e novamente nas tradições gnósticas do casamento interior ou gnóstico, e mais uma vez em obras gnósticas visionárias – em outras palavras, no período inicial da história ocidental –, é a possibilidade de uma união interior ou divina em que a união sexual entre um homem e uma mulher é um sinal ou símbolo. A chave aqui é a união arquetípica ou interior entre o que está acima e o que está abaixo, que, de fato, é o toque e o entrelaçamento de outro mundo divino revelador e arquetípico com este mundo mundano e terreno. A união sexual horizontal entre homem e mulher é consumada não na união de um com outro, mas à medida que essa união horizontal tem uma dimensão transcendente ou vertical.

Sem dúvida, tal perspectiva faz pouco sentido em uma sociedade cujos únicos horizontes são temporais e cujas obsessões são total e estritamente históricas. Considerando o Cristianismo fundamentalista, engajado em uma luta amarga com a ciência evolucionista: ambos estão inteiramente preocupados com a sequência histórica e a possibilidade de confirmação, e a ideia da experiência visionária de um reino transcendente e arquetípico é estranha e talvez assustadora para os adeptos dos dois campos. Contudo, o misticismo sexual não pode ser entendido exceto à luz do conhecimento interno que transcende história e tempo, e que, além disso, transcende as divisões aceitas ou comuns entre o "eu" e o "outro". Sabemos que entramos na comunhão íntima da experiência sexual quando não estamos mais inteiramente certos sobre onde o "eu" termina e "o outro" começa.

## 4. *Realização do transcendente*

Claramente, a união sexual, como mais íntima mistura de duas pessoas, representa uma abertura em potencial para tipos de consciência que transcendem nossa individualidade corriqueira. Sabemos disso intuitivamente. Entendemos que a união sexual – e em especial aqueles momentos em que a união de um casal é uma abertura para uma nova vida que começa a tomar forma – por si mesma é uma união rara e misteriosa não apenas entre homem e mulher, mas, em princípio, da humanidade e natureza com o divino.

A união sexual torna-se misticismo sexual não quando dois indivíduos se unem, mas quando cada amante torna-se para o outro uma abertura para a transcendência do "eu" e "você", uma entrada para uma nova dimensão além da individualidade. Nessa dimensão, encontra-se não apenas outra individualidade, mas também o poder por atrás e além da Natureza, os princípios inerentes ao Cosmos. As tradições misteriosas da Antiguidade greco-romana e egípcia tornam-se compreensíveis quando começamos a compreender por que naquelas tradições a sexualidade – incluindo a sexualidade orgiástica – está ligada de modo tão íntimo aos ciclos sazonais, à natureza selvagem e aos campos cultivados e pomares.

De fato, com frequência, descobrimos que o misticismo sexual por toda a história ocidental está ligado a uma vida próxima à Natureza, e a uma ética de liberdade do condicionamento sociocultural. Vemos isso claramente nas seitas encráticas e libertinas da Antiguidade tardia, bem como nos grupos "heréticos" medievais como os Irmãos do Espírito Livre e os valdenses – em todos aqueles grupos e indivíduos que buscaram deixar para trás as construções artificiais da sociedade urbana ou burocrática a fim de perceber mais profundamente ou diretamente os poderes espirituais inerentes à Natureza, um no outro e neles mesmos. Tais grupos com frequência são marcados por uma ênfase na liberdade externa que reflete a libertação interior da gnose ou conhecimento direto do transcendente.

Porém, tal ênfase é bem estranha para nós no mundo moderno, seja secular ou monoteísta. Tanto a modernidade secular quanto o Cristianismo monoteísta que deram origem à modernidade enfatizam, poderíamos dizer até que impõem, um horizonte histórico que se recusa a reconhecer até mesmo a possibilidade de transcendência ou gnose. Certamente não é mero acaso que a modernidade, caracterizada pela política "progressiva" e pela ciência "evolucionista", é quase inteiramente desprovida de místicos cristãos profundos como Mestre Eckhart, e que, com toda a aparente liberdade da modernidade, ainda não tenhamos encontrado nenhum gnóstico da categoria de Valentim ou Basílides. O misticismo, a gnose e até a transcendência devem estar circunscritos e relegados a um armário em algum lugar, por causa da opressiva ênfase da modernidade no controle e na exploração de um cosmos manipulado e objetificado, assim como no dualismo de sujeito e objeto no tempo.

Tendemos a olhar para os artefatos e imagens do passado com olhos literalistas, imaginando que, por vermos uma imagem sexual, estamos vendo uma representação de algo apenas físico. Porém, pode ser que as dimensões mais importantes dessas imagens e escritos fragmentados e alusivos – sugerindo algo como misticismo sexual – não possam ser entendidas literalmente. Ao contrário, suas dimensões mais importantes podem, de fato, estar invisíveis para os literalistas. Em vez disso, podemos começar a vislumbrar os significados desses traços do passado nos sonhos, poemas, cânticos e reinos percebidos pelas faculdades da imaginação e da visão.

E, talvez, também comecemos a vislumbrar as multivalências do misticismo sexual na antiga e sempre presente, sempre renovada fonte do amor romântico. Pode ser que, quando nos apaixonamos, nos encontramos mergulhados em uma monção de intoxicação hormonal e química que, inexoravelmente, desaparece no frio e longo dia da vida cotidiana. Entretanto, se isso acontecer, talvez não seja inevitável, mas sim o resultado de não entrar no processo alquímico unitivo que vemos sugerido, por exemplo, no *Rosarium Philoso-*

*phorum*. Talvez esse processo deva envolver nossas faculdades de imaginação e de vida interior.

Se for assim, tal processo só pode ser experimentado individualmente com outra pessoa. Ele poderia não ser uma técnica ou conjunto de doutrinas às quais se deve aceitar. Em vez disso, pertenceria aos mundos da arte e da poesia, da sugestão e da alusão, dos símbolos que devem ser entendidos tanto experimentalmente quanto intelectualmente. Nisso, ele seria singularmente ocidental, ou seja, individualizado. Pode-se até dizer que as tradições esotéricas ocidentais apontam para a transcendência do indivíduo para além do que é convencionalmente chamado de "indivíduo" ou "eu". Contudo, isso também significa que sempre haverá aqueles que veem o artista, o filósofo e o explorador dos mundos interiores como hereges.

No entanto, devemos notar não haver evidências de que nenhuma das personagens e grupos díspares que consideramos aqui, voltando não apenas séculos, mas milênios, tenham causado a queda da sociedade ou afetado a vida de outras pessoas em particular. Pelo contrário, parece que eles buscaram um caminho interior para o seu próprio bem. Eles prejudicaram mais alguém? Não foram eles que criaram a estrutura burocrática da Inquisição ou suas câmaras de tortura, nem encontramos ninguém assando em fogueiras erguidas por eles na praça da aldeia. Essas manchas de sangue não estão nas mãos dos muito difamados "hereges", e sim nas de seus perseguidores.

Vale a pena especular por que tantas pessoas encontram sua própria autovalidação em condenar os outros. Talvez elas tenham medo de olhar para certas dimensões de si mesmos e, ainda mais, de penetrar no que parecem ser as águas mais desconhecidas da vida interior. Essa escolha é deles, claro. Mas é de se perguntar se aqueles inclinados a censurar podem estar secretamente mais interessados em controlar externamente em outros aquilo que temem em si mesmos. Em todo caso, está muito claro que a polaridade puritana/libertina tem raízes muito profundas no Ocidente e provavelmente não desapareça tão cedo.

De fato, mais de um filósofo moderno continuou a antiga tradição cristã ocidental de reivindicar como legítimas apenas as posições que denigrem e rejeitam a gnose. Eric Voegelin, Hans Blumenberg e seus inúmeros acólitos alegam (como os grandes inquisidores) que seus principais inimigos são "gnósticos", e que a modernidade é legítima à medida que continua a rejeição da Igreja Cristã "ortodoxa" à gnose, bem como sua ênfase implacável em manter um horizonte estritamente histórico para a fé individual – como se a fé em uma utopia futura não fosse responsável pelos assassinatos de incontáveis "hereges", tanto religiosos como, no século XX, seculares.[174] Tudo isso é, francamente, lamentável.

O misticismo erótico, sem dúvida, pode ser perigoso. Obsessão, imersão em um mundo de fantasia, manias sexuais – quem sabe quantos desvios e armadilhas existem? Provavelmente é melhor seguir o caminho do ascetismo. Mas existem, no entanto, aqueles que se sentem atraídos por um misticismo erótico, ou que se encontram em um relacionamento que se torna um caminho espiritual, e para eles pode ser útil saber que existem tradições ocidentais de misticismo sexual muito antigas e ricas que podem ser encontradas antes das origens do Cristianismo, e que, apesar de todos os esforços dos "ortodoxos" para extirpá-lo, o misticismo erótico ainda se repete, sempre renovado, perpetuamente renovado, como a fênix.

Além disso, e talvez o mais importante de tudo, é valioso saber que as tradições ocidentais do misticismo sexual são consistentemente orientadas para a transcendência da divisão entre o *eu* e o *outro* que caracteriza a modernidade. Em outras palavras, o misticismo sexual não é uma rejeição deste mundo, mas sim uma afirmação de outro mundo como vislumbrado por meio da beleza neste mundo. É uma afirmação de transcendência realizada pela forma imanente do amado. Assim, o misticismo sexual permanece – como Alice Bunker Stockham, H. D., Nicholas Berdyaev e outros apontaram – profundamente entrelaçado com os mistérios da criatividade humana e com os mistérios da autotranscendência. A história demonstrou que, por mais intensas que sejam as forças aliadas contra ele, por mais brutal que seja o aparelho da Inquisição, ainda assim expoentes e praticantes do misticismo erótico continuam a aparecer em cada era. Nossa época e a próxima não serão exceção.

---

174 Consulte VERSLUIS, *The New Inquisitions*.

# BIBLIOGRAFIA

APULEIO; LINDSAY, Jack (Trad.). *The Golden Ass*. Bloomington: Indiana University Press, 1960.
BEYREUTHER, Gottfried. *Sexualtheorien im Pietismus*. Munique: Universität München, 1963.
BURKERT, Walter. *Ancient Mystery Cults*. Cambridge: Harvard University Press, 1987.
BURRUS, Virginia. *The Sex Lives of Saints: An Erotics of Ancient Hagiography*. Filadélfia: University of Pennsylvania Press, 2004.
CONCANNON, Maureen. *The Sacred Whore: Sheela, Goddess of the Celts*. Cork, Irlanda: Collins Press, 2004.
CORBIN, Henry. *Creative Imagination in the Sufism of Ibn Arabi*. Princeton: Princeton University Press, 1969.
_____. *Spiritual Body and Celestial Earth*. Princeton: Princeton University Press, 1977.
CORSETTI, Jean-Paul. *Histoire de l'ésotérisme et des sciences occultes*. Paris: Larousse, 1993.
COSMOPOULOS, Michael. *Greek Mysteries: The Archaeology and Ritual of Ancient Greek Secret Cults*. Londres: Routledge, 2003.
COULIANU, Ioan. *The Tree of Gnosis*. São Francisco: Harper, 1992.
CUTHBERT, Arthur. *The Life and World-work of Thomas Lake Harris*. Glasgow: C. W. Pearce, 1886.
DECONICK, April. *Paradise Now: Essays on Early Jewish and Christian Mysticism*. Atlanta: Society of Biblical Literature, 2006.
DEMARIA, Richard. *Communal Love at Oneida*. Nova York: Edwin Mellen, 1978.
DEVENEY, John Patrick. *Paschal Beverly Randolph: A Nineteenth-century Black American Spiritualist, Rosicrucian, and Sex Magician*. Albany: Suny Press, 1997.
DOWMAN, Keith. *Sky Dancer, The Secret Life and Songs of the Lady Yeshe Tsogyel*. Londres: Routledge, 1984.

EASTMAN, Hubbard. *Noyesism Unveiled*. Brattleboro, VT: Eastman, 1849.
ERICSON, Jack T. (Ed.). *Thomas Lake Harris and the Brotherhood of the New Life: Books, Pamphlets, Serials, and Manuscripts*, Ann Arbor, MI: Microfilmes Universitários, 1974.
FAIVRE, Antoine; WOUTER Hanegraaff (Eds.). *Western Esotericism and the Science of Religion*. Leuven: Peeters, 1998.
FINE, John V. A. *The Bosnian Church: A New Interpretation*. London: SAQI, 1975.
FINE, John V. A. *The Early Medieval Balkans*. Ann Arbor: University of Michigan Press, 1983.
_____. *The Late Medieval Balkans*. Ann Arbor: University of Michigan Press, 1987.
FOGARTY, Robert S. (Ed.). *Desire and Duty at Oneida: Tirzah Miller's Intimate Memoir*. Bloomington: Indiana University Press, 2000.
FOGARTY, Robert S. (Ed.). *Special Love/Special Sex: An Oneida Community Diary*. Syracuse: Syracuse University Press, 1994.
FOGARTY, Robert S. (Ed.). *Free Love in Utopia: John Humphrey Noyes and the Origins of the Oneida Community*. Urbana: University of Illinois Press, 2001.
FOGARTY, Robert S. (Ed.). *Religion and Sexuality: Three American Communal Experiments of the Nineteenth Century*. Nova York: Oxford University Press, 1981.
GICHTEL, Johann Georg. *Eine kurze Eröffnung und Anweisung der dryen Principien und Welten in Menschen*. Leipzig: Christian Ringmacher, 1696, reimpressão, 1779.
GICHTEL, Johann Georg. *Theosophia Practica*. 7 vols. Leiden: 1722.
GUYN, Noah. *Allegory and Sexual Ethics in the High Middle Ages*. New York: Palgrave, 2007.
HAMILTON, Bernard; HAMILTON, Janet (Trad.). *Christian Dualist Heresies in the Byzantine World*. Manchester: Manchester University Press, 1998.
HARRIS, Thomas Lake. *The Arcana of Christianity: An Unfolding of the Celestial Sense of the Divine Word*. 2 vols. NewYork: Brotherhood of the New Life,1867.
_____. *The Breath of God with Man*. Nova York: Brotherhood of the New Life, 1867.

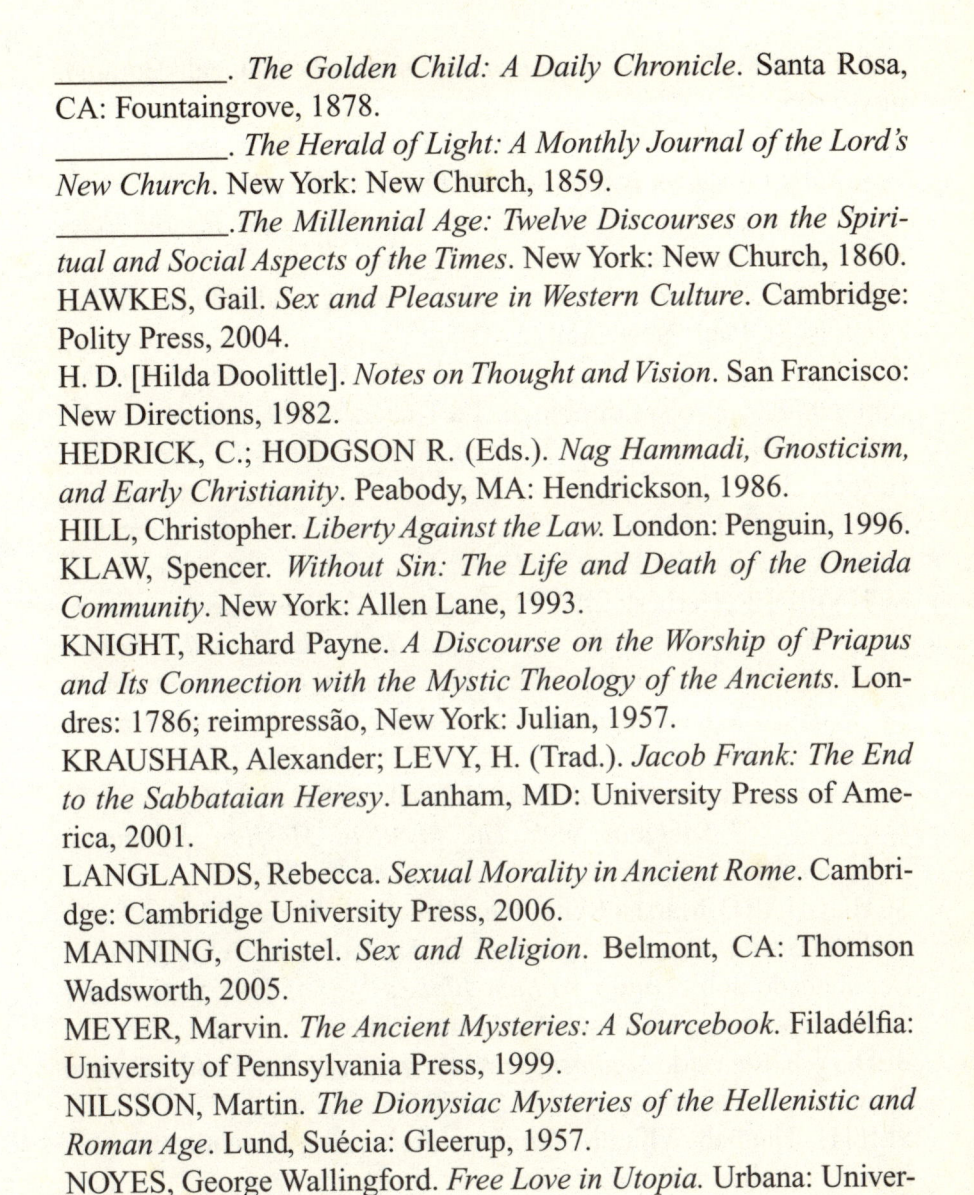

_____. *The Golden Child: A Daily Chronicle*. Santa Rosa, CA: Fountaingrove, 1878.

_____. *The Herald of Light: A Monthly Journal of the Lord's New Church*. New York: New Church, 1859.

_____. *The Millennial Age: Twelve Discourses on the Spiritual and Social Aspects of the Times*. New York: New Church, 1860.

HAWKES, Gail. *Sex and Pleasure in Western Culture*. Cambridge: Polity Press, 2004.

H. D. [Hilda Doolittle]. *Notes on Thought and Vision*. San Francisco: New Directions, 1982.

HEDRICK, C.; HODGSON R. (Eds.). *Nag Hammadi, Gnosticism, and Early Christianity*. Peabody, MA: Hendrickson, 1986.

HILL, Christopher. *Liberty Against the Law*. London: Penguin, 1996.

KLAW, Spencer. *Without Sin: The Life and Death of the Oneida Community*. New York: Allen Lane, 1993.

KNIGHT, Richard Payne. *A Discourse on the Worship of Priapus and Its Connection with the Mystic Theology of the Ancients*. Londres: 1786; reimpressão, New York: Julian, 1957.

KRAUSHAR, Alexander; LEVY, H. (Trad.). *Jacob Frank: The End to the Sabbataian Heresy*. Lanham, MD: University Press of America, 2001.

LANGLANDS, Rebecca. *Sexual Morality in Ancient Rome*. Cambridge: Cambridge University Press, 2006.

MANNING, Christel. *Sex and Religion*. Belmont, CA: Thomson Wadsworth, 2005.

MEYER, Marvin. *The Ancient Mysteries: A Sourcebook*. Filadélfia: University of Pennsylvania Press, 1999.

NILSSON, Martin. *The Dionysiac Mysteries of the Hellenistic and Roman Age*. Lund, Suécia: Gleerup, 1957.

NOYES, George Wallingford. *Free Love in Utopia*. Urbana: University of Illinois Press, 2001.

_____. *Religious Experience of John Humphrey Noyes*. Freeport, NY: Books for Libraries, 1971.

_____. *The Berean: A Manual For the Help of Those Who Seek the Faith of the Primitive Church*. Putney, VT: Office of the Spiritual, 1847.

——. *Essay on Scientific Propagation*. Oneida, NY: Oneida Community, 1875.

——. *History of American Socialisms*. Filadélfia: Lippincott, 1870.

——. *Male Continence*. Oneida, NY: Office of Oneida, 1872.

OLIPHANT, Lawrence. *Masollam: A Problem of the Period*. Leipzig: Tauchnitz, 1886.

PORDAGE, John. *The Wisdom of John Pordage*. Editado por Arthur Versluis. St. Paul: New Grail, 2003.

ROBERTSON, Alexander; DONALDSON, J. *et al.* (Eds.). *Ante-Nicene Fathers*, 7 vols. Edimburgo: T&T Clark, 1989.

ROBINSON, James, (Ed.). *The Nag Hammadi Library*. New York: Harper, 1977.

ROUGEMONT, Denis de. *Love in the Western World*. Princeton: Princeton University Press, 1983.

SCHNEIDER, Herbert; LAWTON, George. *A Prophet and a Pilgrim: Being the Incredible History of Thomas Lake Harris and Laurence Oliphant; Their Sexual Mysticisms and Utopian Communities Amply Documented to Confound the Skeptic*. New York: Columbia University Press, 1942.

SCHOLEM, Gershom. *Kabbalah*. Jerusalem: Keter, 1974.

——————. *Sabbatai Sevi: The Mystical Messiah*. Princeton: Princeton University Press, 1973.

SCHUCHARD, Marsha Keith. *Why Mrs. Blake Cried: William Blake and the Sexual Basis of Spiritual Vision*. London: Century, 2006. Republicado sob o título *William Blake's Sexual Path to Spiritual Vision*. Rochester, VT: Inner Traditions, 2008.

SEDGWICK, Mark. *Against the Modern World*. New York: Oxford University Press, 2004.

SMITH, Hannah Whitall. *Religious Fanaticism*. Editado por Ray Strachey. London: Faber, 1928.

STOCKHAM, Alice Bunker. *Karezza: A Guide to Sexual Mysticism, Magic, and Creativity*. St. Paul: New Grail, 2005.

STOCKHAM, Alice Bunker. *The Lover's World: A Wheel of Life*. Chicago: Alice B. Stockham Co., 1903.

STOYANOV, Yuri. *The Other God: Dualist Religions from Antiquity to the Cathar Heresy*. New Haven: Yale University Press, 2000.

SWAINSON, W. P. *Thomas Lake Harris and His Occult Teachings*. London: Rider, 1922.

THOMAS, Robert. *The Man Who Would Be Perfect*. Filadélfia: University of Pennsylvania Press, 1977.

URBAN, Hugh B. *Magia Sexualis: Sex, Magic, and Liberation in Modern Western Esotericism*. Berkeley: University of California Press, 2006.

URBAN, Hugh B. *Tantra: Sex, Secrecy, Politics, and Power in the Study of Religions*. Berkeley: University of California Press, 2003.

VERSLUIS, Arthur. *American Transcendentalism and Asian Religions*. Nova York: Oxford University Press, 1993.

_____. *Magic and Mysticism: An Introduction to Western Esotericism*. Lanham, MD: Rowman Littlefield, 2007.

_____. *The New Inquisitions: Heretic-hunting and the Intellectual Origins of Modern Totalitarianism*. New York: Oxford University Press, 2006.

_____. *Restoring Paradise: Western Esotericism, Art, Literature, and Consciousness*. Albany: Suny Press, 2004.

_____. *Theosophia: Hidden Dimensions of Christianity*. Hudson, NY: Lindisfarne, 1994.

_____. *Wisdom's Book: The Sophia Anthology*. St. Paul: Paragon House, 2000.

_____. *Wisdom's Children: A Christian Esoteric Tradition*. Albany: Suny Press, 1999.

VOSS, Karen-Claire. *Spiritual Alchemy. In:* BROEK, R. Van den; HANEGRAAFF, W. (Eds.). *Gnosis and Hermeticism*. Albany: Suny Press, 1998, p. 147-182.

WATTS, Alan. *Nature, Man and Woman*. New York: Pantheon, 1958.

WRIGHT, Thomas. *The Worship of the Generative Powers During the Middle Ages of Western Europe*. London: 1866; reimpressão, New York: Julian, 1957.

# ÍNDICE REMESSIVO

## A

Achamoth 52
Afrodite Pandêmica 5, 21, 47, 48
agapetas 42
Agostinho de Hipona 10, 24
Alice Bunker 6, 13, 126, 127, 128, 134, 136, 141, 158, 162
alquimia sexual 80, 81, 85, 87, 92, 93, 94, 97, 98, 105, 106, 107
andrógino 33, 126, 127
anistórica, continuidade 12
antinomianismo 131, 151
apatheia 45
apoteose 15, 33
Apuleio 20, 21, 23, 159
Arnóbio 28, 30
Arnold, Gottfried 98, 99, 100, 159
Átis e Deméter 17, 21, 24, 33

## B

Baco 17, 23, 148
Basilides 48, 66
Baubo 29
Begardos, beguinas 72, 73, 85
Berdyaev 158
Bhagavad Gita 80
Blake, William 5, 13, 28, 105, 108, 109, 110, 130, 162, 5, 13, 105, 108, 109, 110, 162
Bloemardinne 73, 74
Blumenberg 157
bodhicitta 88, 95
*bodhisattva* 88, 98
Böhme, Jacob 12, 85, 86, 87, 88, 97, 98, 107, 117, 118, 119
Bonifácio, 71
Bósnia 61, 62, 63 151, 155

Bromley 96
Brotherhood of the New Life 116, 118, 160
Budismo 10, 11, 15, 57, 89, 96, 98, 117, 118
Bulgária 61
Burkert 18, 159
Buttlar 5, 97, 98, 99, 100, 102, 105, 107, 110

## C

Cabala 15, 51, 87, 102, 103, 105, 108
  Luriânica 103
*Carmina Priapea* 25
Carpócrates 48, 49, 66
casamento 5, 6, 30, 31, 32, 33, 34, 41, 42, 43, 44, 50, 52, 59, 65, 69, 74, 91, 113, 114, 118, 126, 127, 133, 137, 138, 139, 140, 144, 147, 150, 151, 154
casamento espiritual 6, 34, 42, 43, 44, 74, 91, 147, 150, 151
castração 33, 64
Catolicismo Romano,
  celibato 41, 65, 66, 68, 88
Ceres 21, 29
Chardin 15
Chia 143
Christopher, Pierre Teilhard de 15, 106, 161
Cipriano 43
Clemente de Alexandria 19, 20, 24, 28, 29, 30, 36, 48, 49, 51, 85
Clemente V 71
comunal 113
Cristianismo 5, 8, 9, 10, 11, 12, 13, 14, 15, 16, 18, 20, 21, 33, 34, 35, 36, 41, 42, 43, 45, 47, 48, 50, 55, 57, 58, 59, 61, 64, 65, 67, 74, 76, 78,

85, 86, 87, 89, 98, 102, 103, 105, 110, 113, 119, 120, 146, 148, 149, 150, 154, 156, 158
Cristianismo primitivo  9, 18, 47, 58, 64, 67, 105, 110
Cristo  9, 10, 11, 14, 35, 42, 44, 45, 46, 50, 53, 54, 58, 62, 74, 84, 89, 91, 99, 101, 115, 116, 120, 136, 139, 146

# D

Daniélou, Alain  80
Davis, Andrew Jackson  115
Dion  120
Dionísio  17, 23, 29, 32, 85, 136, 153
Dionísio Areopagita  153
*dormition*  30, 34
dualismo  47, 57, 58, 62, 68, 69, 78, 156
Dulaure, Jacques-Antoine  80

# E

Eastman, Hubbard  113, 130, 131, 160
Eckhart  11, 71, 85, 87, 156
Edom  104
ejaculação  9, 42, 67, 113, 114, 127, 128
Eliot  134
Emerson, Ralph Waldo  130, 134, 136, 141, 142, 143
encratismo  66, 67
Epifânio  48, 65
Eric  157
Erígena, João  85, 87
Eutímio de Periblepton  64
Eutímio Zigabeno  63
Eva von  97, 98, 99
"experiência água-viva"  134

# F

falo  18, 23, 24, 25, 26, 27, 28, 29, 30, 37, 77, 78, 79, 80, 82
falos alados  78
*fascinum*  25
fays  119, 122, 123, 125

feminismo  46, 152
Filipe  35, 52, 53, 54, 55, 56, 57, 58
Fortune, Dion  120
fundamentalismo  36, 85, 133

# G

Gelpi, Albert  134
Gero, Stephen  66
Gichtel, Stephen  66  87, 88, 89, 90, 91, 97, 110, 117, 120
gnose  6, 9, 13, 36, 47, 54, 58, 104, 144, 147, 152, 153, 154, 156, 157, 158
Godwin, Joscelyn  99, 105, 106, 107
Greaves  106
Guénon  15, 142
 René  15, 69, 142

# H

hara  93
Hannah, Whitall  114, 115, 117, 162
Hans  157
Harris, Thomas Lake  6, 13, 113, 115, 116, 117, 118, 119, 120, 121, 122, 123, 125, 127, 130, 131, 143, 148, 159, 160, 162, 163
Hayes, Rutherford  113,
Henry David  136
Hermes  25, 31, 32
*hieros gamos*  31, 32
H.D. [Hilda Doolittle]  161
Hodder  80

# I

Idel  102
Igreja Ortodoxa  14, 45, 46, 61, 68
Irineu  35, 36, 50, 51, 65, 146, 147, 151
Irmãos do Espírito Livre  5, 70,
Ísis  17, 20, 21, 22, 35
Islâmico, misticismo do amor  69, 70

## J

Jacob 102, 103, 104, 161
Jâmblico 27, 31, 33, 34
James Willian 52, 106, 130, 162
James Pierrepont 106
Jesus 12, 20, 23, 35, 43, 54, 55, 56, 58, 90, 101, 109, 153
João 47, 85, 87, 102
João Crisóstomo 47
Joaquim de Fiore 102
Johannes 71, 85
Johann Georg 87, 88, 91, 160

## K

Kali Yuga 15
*Kama Sutra* 144
Karen-Claire 81, 163
karezza 127, 128, 141
Knight, Richard, Payne 76, 77, 78, 79, 80, 161
Kraushar, Alexander 104
Kyriacos 120

## L

Lactâncio 77
Leade, Jane 72, 96
Lerner, Robert 72
Leste Europeu 60, 61, 62, 68
*lingam* 26, 37, 80
Linga Purana 26
Lívio 24, 77
*Love in the Western World* 6, 137, 138, 139, 162

## M

Macróbio 77
mágica sexual 112
*maithuna* 142
Mantak 143
Marguerite 71, 72, 73
Mestre 11, 71, 85, 87, 156
Mestre Eckhart 11, 71, 85, 87, 156

mistérios antigos 5, 8, 23, 28, 33, 36, 46
misticismo 5, 7, 9, 12, 13, 14, 15, 16, 40, 50, 57, 59, 60, 67, 69, 70, 72, 74, 75, 76, 84, 85, 102, 104, 105, 108, 109, 110, 111, 112, 113, 123, 125, 126, 127, 129, 130, 131, 132, 133, 134, 136, 137, 138, 139, 140, 141, 142, 143, 144, 145, 146, 147, 148, 149, 150, 151, 152, 154, 155, 156, 158
misticismo erótico 14, 15, 16, 70, 75, 105, 138, 139, 158
misticismo sexual 7, 9, 13, 14, 15, 16, 40, 60, 67, 74, 76, 84, 102, 105, 108, 109, 110, 111, 112, 123, 125, 126, 127, 129, 130, 131, 132, 133, 134, 136, 137, 140, 141, 142, 143, 144, 145, 146, 147, 148, 149, 150, 151, 152, 154, 155, 156, 158
Moshe 102
*mundus imaginalis* 153, 154

## N

*Nag Hammadi*, biblioteca 9, 52, 53, 66, 153, 161, 162
*New Age* 14, 130, 144
Nicholas 109, 158
Noyes, John Humphrey 13, 113, 114, 126, 127, 130, 131, 160, 161

## O

Oliphant, Lawrence 115, 119, 123, 125, 127, 131, 162
Oneida 13, 113, 114, 126, 131, 159, 160, 161, 162
orgias 8, 18, 26, 28, 65, 67, 71, 74, 103
Orígenes 8, 18, 33
O Trovão: a Mente Perfeita 53, 56, 57, 58
Ouro, Asno de, 20, 21, 35
Ovídio 77

## P

Platão 19, 34, 135
Pleroma 52
Plotino 34, 129
Plutarco 31, 32, 77
Pordage 13, 92, 93, 94, 95, 96, 97, 98, 108, 110, 117, 119, 120, 162
Porete 71, 72, 73
pornografia 28, 36
Príapo 25, 28, 77

## R

Raine, Kathleen 108
Randolph, Paschal Beverly 13, 112, 113, 129, 159
*Restoring Paradise* 12, 163
Romênia 61
*Rosarium Philosophorum* 82, 116, 156
Rougemont, Denis de 6, 69, 70, 137, 138, 139, 140, 141, 143
Ruysbroeck, Jan van 71, 73, 74

## S

Salmos 50
Sabedoria, Livro da 71
Scholem, Gershom 103, 104, 105
Schuchard, Marsha Keith 105, 108, 109
Sérvia 61, 62
sexual 5, 7, 9, 13, 14, 15, 16, 19, 20, 21, 24, 26, 28, 31, 32, 33, 34, 36, 37, 40, 42, 46, 47, 48, 49, 50, 51, 52, 56, 57, 59, 60, 66, 67, 68, 73, 74, 76, 79, 80, 82, 83, 84, 92, 94, 95, 96, 97, 98, 100, 102, 103, 105, 106, 107, 108, 109, 110, 111, 112, 113, 114, 115, 119, 121, 123, 125, 126, 127, 128, 129, 130, 131, 132, 133, 134, 136, 137, 140, 141, 142, 143, 144, 145, 146, 147, 148, 149, 150, 151, 152, 154, 155, 156, 158
*Sheela-na-Gigs* 79
Shiva 26
Sidarta Gautama 10
simbolismo 18, 19, 23, 26, 27, 28, 29, 32, 34, 36, 67, 69, 76, 79, 80, 85, 92, 98, 99, 103, 147
sincrasia 14
Smith 114, 117
Sofia 52, 89, 90, 91, 98, 99, 100, 139
South, Thomas 106, 108, 110
*stecci(gravuras em pedra)* 62, 63
Stockham 6, 13, 126, 127, 128, 129, 130, 131, 134, 136, 141, 143, 158, 162
Swainson 117
Swedenborg, Emanuel 105, 109, 115, 118
*syneisaktos* 42

## T

Tantra 163
    budista 43, 86, 95, 96, 117
    hindu 80, 96, 109
    ocidental 110
Tauler 71, 85, 129
Taylor, Thomas 19
teosofia 13, 85, 86, 87, 88, 90, 96, 97, 98, 101, 105, 108, 110, 118
Tertuliano 35, 36, 51, 53, 151
theosis 33
Thompson, E.P. 108
Thoreau 136, 142
tintura 93, 95
Tomé, Evangelho de 35
tortura 101, 102, 157
totalitarismo 139

## U

*ungrund* 107, 110
Urban, Hugh 7, 13, 163

## V

Valentim 5, 51, 62, 156
*via negativa* 72, 153, 154
*via positiva* 153, 154
Virgílio 77, 79
virgines subintroductae 42, 67, 105, 140
Voegelin 157
Voss 81
vulva 29, 80

## W

Wagner, Richard 4
Wake, Staniland 80
Walter 18, 159
Walton, Christopher 106, 107
Watts, Alan 6, 130, 140, 141, 142, 143, 144

## Y

Yeats, William Butler 109
*yoni* 109

## Z

Zinzendorf 109